Costa Brava

Ulrike Wiebrecht

▶ Dieses Symbol im Buch verweist auf den großen Faltplan!

direkt

Benvinguts! – Willkommen

Unterwegs an der Costa Brava

Die Costa Brava 15 x direkt erleben

Nördliche Küste von Llançà bis zum Golf von Roses 30

Benvinguts – Willkommen

Mein heimliches Wahrzeichen

Was wäre die Costa Brava ohne die Pinien, die sich über die Felsen neigen? Wie Skulpturen eines eigenwilligen Bildhauers sehen sie bisweilen aus. Vom Tramuntana-Wind zu skurrilsten Formen verbogen, geben die grünen Tupfen der rauen wilden Küste jenes gewisse Etwas, das sie so liebenswert macht. Vielleicht ist es das, woran sich das Auge so gerne festhält.

Facettenreiche wilde Küste

Über 214 km zieht sich die Costa Brava von Portbou an der französischen Grenze bis nach Blanes hinunter. Hauptmerkmal ist – wie der Name »wilde Küste« verheißt – die raue, zerklüftete Felslandschaft, die mitunter hochdramatische Formen annimmt. Es ist als wenn die Pyrenäen in einem letzten Aufbäumen noch einmal ihre geballten Gesteinsmassen aufbieten würden, bevor sie ins tiefblaue Mittelmeer stürzen. Doch dazwischen gibt es weite Sandstrände, flaches, stilles Marschland und allerlei Gärten mit lieblicher, gezähmter Natur. So unterschiedlich wie die Geografie ist, sind auch die Orte und Städte, die in ihrer Gesamtheit eine faszinierende Mischung ergeben. Neben den Zentren des Massentourismus lassen sich mittelalterlich geprägte Ortschaften finden oder solche, die sich den Charme des einstigen Fischerorts bewahrt haben.

Nördliche Küste bis zum Golf von Roses

Kommt man von Norden über die französische Grenze bei **Portbou** (▶ F 1), empfängt einen zunächst herbe, wenig einladende Felsküste. Landschaftlicher Höhepunkt ist das **Cap de Creus** (▶ H 2), die östlichste Spitze Spaniens bei Cadaqués, wo die Pyrenäen in einer wilden Mondlandschaft enden. Touristisch erschlossen sind in diesem Küstenabschnitt **Llançà** (▶ F/G 2), **Port de la Selva** (▶ G 2) und **Cadaqués** (▶ H 3), um die sich allerlei schöne Buchten herum gruppieren. Noch touristischer geht es am Golf von Roses mit seinen weiten Sandstränden zu. Neben

Roses (▶ G 3), das über riesige Kapazitäten an Ferienwohnungen verfügt, lockt **Empuriabrava** (▶ F 3) mit seinen Kanälen viele deutsche Urlauber an, die Wert auf ein buntes Nachtleben legen und/oder sich als Skipper betätigen wollen. Das benachbarte **Sant Pere Pescador** (▶ F 4) mit seinen unverbauten Stränden ist dagegen bevorzugtes Revier holländischer Camper. Dazwischen liegt der Naturpark Aiguamolls, der mit seiner Sumpflandschaft ein wichtiges Vogelschutzgebiet ist. Sehenswert am südlichen Ende des Golf von Roses sind die griechisch-römischen Ausgrabungen von **Empúries** (▶ G 5).

Die mittlere Küste von L´Estartit bis Palafrugell

In diesem Küstenabschnitt wechseln sich touristische Zentren wie **L´Estartit** (▶ H 6), das mit den vorgelagerten Medes-Inseln ein wahres Taucherparadies ist, mit Ortschaften ab, für die Pauschaltourismus noch ein Fremdwort ist. Rund um das wilde **Cap de Begur** (▶ H 7) verstecken sich von Pinien gesäumte Traumstrände wie Sa Tuna, Sa Riera oder Aiguablava. Ebenso reizvoll sind Calella, Llafranc und Tamariu, die sich weiter südlich um **Palafrugell** (▶ G 8) gruppieren. Allerdings verfügen die Orte nur über begrenzte Bettenkapazitäten, sind relativ hochpreisig und werden vor allem von katalanischen Gästen frequentiert.

Die südliche Küste von Palamós bis Blanes

In diesem Küstenabschnitt liegen neben beschaulichen Orten wie **S´Agaró**

(▶ G 9) vor allem die Hochburgen des Massentourismus. Während **Lloret de Mar** (▶ E 11) bevorzugtes Ziel britischer, deutscher und anderer Billigtouristen ist, hat sich **Tossa de Mar** (▶ F 11) noch etwas von seinem ursprünglichen Charakter bewahren können. Im Übrigen gibt es in dieser Gegend neben einigen schönen, nicht allzu stark frequentierten Buchten viel sehenswerte Flora: Zwischen Lloret und **Blanes** (▶ D 11) liegen gleich drei herausragende Gartenanlagen: Mar i Murtra, Pinya de Rosa und die Jardins de Santa Clotilde.

Girona und Figueres

Hauptstadt der Provinz **Girona** (▶ D 7), in der die Costa Brava liegt, ist die gleichnamige Stadt, die mit ihrer Universität auch so etwas wie die kulturelle Hochburg des Landstrichs ist. Die Vororte mögen einen wenig einladenden Eindruck machen – umso malerischer ist die mittelalterlich geprägte Altstadt mit ihrem Klein-Venedig genannten Viertel am Onyar-Fluss. Neben der mächtigen Kathedrale birgt sie u. a. den

Call, eine der ersten jüdischen Ghettos Europas. Nach sorgsamer Restaurierung erzählt sie heute die Geschichte der bedeutenden katalanischen Sepharden-Gemeinschaft. Ganz anders sieht es im weiter nördlich gelegenen **Figueres** (▶ E 3) aus, wo die Gebäude wesentlich jüngeren Datums sind: Besuchermagnet ist hier vor allem das Teatre-Museu Salvador Dalí, das der Künstler selbst in seiner Geburtsstadt begründete.

Ein Muss: das Landesinnere

Geradezu unglaublich ist der Kontrast von Küste und Landesinnerem: Nur ein paar Kilometer von den Stränden entfernt taucht man im Hinterland der Costa Brava in die Zeit des Mittelalters ein, als mächtige Grafen sich mit wehrhaften Dörfern gegen ihre Feinde verteidigten. Besonders gut erhalten sind die Dorfanlagen von **Pals** (▶ G 7) und **Peratallada** (▶ G 7). Doch auch die weniger touristischen Orte **Castelló d´Empúries** (▶ F 3), **Vilabertrán** (▶ E 3) oder **Peralada** (▶ E 3) bei Figueres lohnen unbedingt einen Abstecher.

Tossa – gelungene Gratwanderung zwischen Geschichte und Tourismus

Schlaglichter und Impressionen

Mythos Costa Brava – eine hundertjährige Erfolgsgeschichte

Der katalanische Journalist Ferran Agulló soll der Küste ihren Namen gegeben haben, als er am 12. September 1908 in der Tageszeitung La Veu de Catalunya seinen Artikel »Por la Costa Brava« veröffentlichte. Inzwischen blickt der Landstrich auf eine 100-jährige Erfolgsgeschichte zurück. Die ersten Touristen waren ein paar Spinner; Künstler, die an der wilden, bizarren Landschaft Gefallen fanden. Ihnen folgten erste Sommerfrischler. Später begründeten Prominente wie Orson Welles, Sean Connery, Elisabeth Taylor und John Wayne, die in der Hotellegende La Gavina in S´Agaró abstiegen, das internationale Renommee der Küste. Durch sie wurden wiederum die breiten Massen der Sonnenhungrigen aus dem Norden auf die Küste aufmerksam.

Mittlerweile machen hier Jahr für Jahr Millionen von Spaniern, Franzosen, Deutschen, Engländern und Niederländern Urlaub. Doch welche Art von Urlaub ist das genau? Wofür steht die Marke Costa Brava? Für Lifestyle? Ballermann? Für Luxus-, Golf- oder Familienurlaub? In ihrer 100-jährigen Geschichte hat ihre Destination so ziemlich alle touristischen Entwicklungen durchgemacht. Heute versucht sie, vor allem an der Qualität zu feilen und mit Golfplätzen, Yachthäfen, Festivals und viel Kultur ein gehobeneres Publikum anzuziehen. Tatsächlich sind die Strände mit der Zeit wieder sauberer und sicherer geworden. Historische Ortskerne wurden vorbildlich herausgeputzt, Wanderwege angelegt und Bauernhöfe in stilvolle Landhotels verwandelt. In den Sommermonaten folgt ein Musikfestival dem anderen. Trotzdem liegen Welten zwischen Orten wie Lloret de Mar, das bevorzugtes Ziel deutscher Abi-Fahrten ist, und Pals, wo sich die Golfspieler in stilvoll designten Landhotels erholen. Doch genau darin liegt das Erfolgsgeheimnis der Costa Brava: Für jede Zielgruppe gibt es den entsprechenden Ort, der ihre Bedürfnisse voll und ganz erfüllt.

Autonomes Katalonien

Als Autonome Region innerhalb Spaniens genießt Katalonien, zu dem die Costa Brava gehört, eine gewisse wirtschaftliche und vor allem kulturelle Eigenständigkeit. Die Katalanen selbst fühlen sich sogar als eigene Nation, was inzwischen im 2006 verabschiedeten Autonomie-Status verfassungsmäßig anerkannt wird. Dementsprechend haben sie auch ihre eigenen Symbole: die katalanische Flagge, die aus vier roten Streifen auf gelbem Grund besteht, die Nationalhymne »Els Segadors« und den Nationalfeiertag, die Diada, die am 11. September begangen wird.

Bon dia oder buenos días

Wer mit dem Flugzeug oder dem Auto in Katalonien ankommt, ist oftmals irritiert: Hatte er zu Hause gerade noch gelernt, dass Flughafen *aeropuerto* und Autobahnausfahrt *salida* heißen, stehen stattdessen *aeroport* und *sortida* auf den Schildern. Die Costa Brava ist als Teil Kataloniens eine zweisprachige Region: Neben Spanisch (*castellà/castellano*) wird Katalanisch (*català/catalán*) gesprochen. Seit der Wiedereinführung der Demokratie ist die Sprache, die während der Franco-Diktatur verboten war, neben Spanisch offizielle Amtssprache und wird an den Schulen sogar als erste Sprache gelehrt. Natürlich wird von keinem Touristen verlangt, dass er Katalanisch spricht. Doch wird bei Ausländern schon eine kleine katalanische Grußformel (*bon dia* = guten Tag oder = auf Wiedersehen) mit Anerkennung beantwortet und kann einem so manche Tür öffnen (Sprachführer s. S. 112).

El Bulli – eine gastronomische Institution

Auch wenn es nur den wenigsten gelingt, einen Tisch zu bekommen – kein Lokal an der Costa Brava ist bekannter als das »El Bulli« an einer kleinen Bucht von Roses. Es ist nur auf der holperigen Landstraße oder auf dem Wasserweg zu erreichen und gilt doch als weltbestes Restaurant. Schließlich ist der mit vielen Michelin-Sternen und Gault-Millau-Hauben ausgezeichnete Chefkoch Ferran Adrià Erfinder der Molekularküche.

Auch wenn sein Lokal in den nächsten Jahren geschlossen und in eine Art Kochakademie verwandelt wird, sein Einfluss auf die Küche Kataloniens und über sie hinaus wird bleiben.

Die Spuren Salvador Dalís

Viele Künstler haben sich von der bizarren Landschaft der Costa Brava inspirieren lassen, aber kein Name ist so eng mit ihr verbunden wie Salvador Dalí. Geboren wurde er 1904 in Figueres, in dessen Küstenumfeld er dann auch einen Großteil seines Lebens verbrachte. In seiner Geburtsstadt fand er die letzte Ruhe – im von ihm begründeten Teatre-Museu, das zu den meistbesuchten Museen Spaniens gehört. Wer weiter auf seinen Spuren wandeln will, sollte sich in der Casa-Museu in Cadaqués umsehen, das ein kleines Gesamtkunstwerk ist. Dritter Eckpunkt des sogenannten surrealistischen Dreiecks in Katalonien ist die Casa-Museu Castell Gala Dalí de Pùbol, ein kleines Landschloss im Landesinneren, das der

Verrückt genial: das Dalí-Haus in Cadaqués

Künstler seiner Frau Gala schenkte und das ebenfalls unverkennbar seine Handschrift trägt.

misec« (halbtrocken) und »Sec« (trocken) die Sorten »Brut« und »Brut Nature«.

Tramuntana

Eins der immateriellen Wahrzeichen der Costa Brava ist die Tramuntana, ein eisiger Nordwind, der sowohl im Sommer als auch im Winter über die Küste fegen kann und dem Schriftsteller Gabriel García Márquez zufolge »Keime des Wahnsinns« enthält. Immerhin bläst er jegliche Feuchtigkeit und trübe Wolken weg und bringt ein so klares, intensives Licht, dass Himmel und Meer mitunter in fast übernatürlichem Azurblau leuchten.

Cava statt Sangría

Sangría wird fast nur in Touristengegenden ausgeschenkt. Eins der beliebtesten Getränke der Katalanen neben Wein und Bier ist stattdessen *cava*, der katalanische, feinperlige Schaumwein, der nach der Méthode champenoise hergestellt wird. Da er sich aufgrund seiner Herkunft nicht Champagner nennen darf, wird er als »Cava« – zu Deutsch »Keller« – vermarktet. Als besonders hochwertig gelten neben »Se-

Sardana statt Flamenco

Anstelle von Flamenco wird in Katalonien traditionell Sardana getanzt. Dass es dabei weniger um leidenschaftlichen Ausdruck als vielmehr im Gemeinsinn geht, lässt sich vor allem im Sommer in vielen Küstenorten beobachten. Dann versammeln sich die Tänzer auf den Dorfplätzen im Kreis und fassen sich an den Händen. Es folgen in genauer Reihenfolge Schritte bzw. Sprünge – mal in die eine, mal in die andere Kreisrichtung. Dazu spielt die sogenannte »Cobla«, ein elfköpfiges Orchester aus Holz- und Blechbläsern. Besonders charakteristisch neben dem *Tamborí*, einer kleinen Trommel, ist das *Flabiol*, eine dreilöchrige Flöte.

Souvenirs

Typische Mitbringsel der Costa Brava sind die *Anchoves*, Sardellen, die vor allem aus der Gegend von L'Escala stammen. Traditionell werden sie in grobem Salz eingelegt und dadurch haltbar gemacht. Beliebt ist auch *tur-*

Daten und Fakten

Lage: Die Costa Brava erstreckt sich entlang des Mittelmeers von der französischen Grenze bei Portbou/Cerbère im Norden bis Blanes im Süden. Sie gehört zur Provinz Girona, dieTeil der Autonomen Region Katalonien ist und die Landkreise Alt Empordà, Baix Empordà, Gironès, Pla de l'Estany und Selva umfasst.
Sprachen: Katalanisch und Spanisch.
Küstenlänge: 214 km.
Flüsse: Ter, Fluvià, Muga, Daró.
Winde: Tramuntana und Garbí (Nord), Llevant (Ost), Migdia (Süd).
Naturparks: Empordà: Aiguamolls de l'Empordà (Marschland), Parc Natural Cap de Creus, Medes-Inseln (Vogel- und Unterwasserreservat), Parc Natural de l'Albera (Pyrenäenausläufer); Girona: Zona Volcanica de la Garrotxa; Barcelona: Parc Natural del Montseny (Mittelgebirge).

Von der Costa Brava nicht wegzudenken: das täglich frische Fanggut

ró, eine Art Mandelnougat, das in größeren Platten verkauft wird. Zwar wird diese Süßigkeit in Katalonien eigentlich nur zu Weihnachten gegessen, doch sie schmeckt das ganze Jahr über und ist relativ lange haltbar. Natürlich kann man sich auch seinen Lieblingswein mitnehmen. Dabei ist zu beachten, dass viele katalanische Weine auch im heimischen Supermarkt zu erstehen und dort noch nicht mal teurer sind. Deutlich günstiger sind dagegen kubanische Zigarren, die in spanischen Tabakläden angeboten werden. Ein besonders schönes, aber nicht leicht zu transportierendes Souvenir ist die regionaltypische Keramik. Doch man sollte genau hinsehen, denn nicht alles wird tatsächlich im Keramikort La Bisbal hergestellt, inzwischen ist ein Großteil minderwertige Importware.

Umwelt

Der Bauboom der letzten Jahrzehnte hat vielerorts zu Zersiedlung und Umweltzerstörung geführt. Inzwischen gibt es zahlreiche Naturschutzgebiete, die wenigstens die verbleibenden schützenswerten Gebiete vor diesem Schicksal bewahren sollen. In vielen Bereichen gibt es strenge Umweltauflagen. Müll wird recycelt, die Gemeinden verfügen über gut funktionierende Kläranlagen, vor allem dort, wo ausländische Touristen Urlaub machen. Umweltsünden werden mitunter streng geahndet. Die Auswüchse des Immobilienbooms jedoch lassen sich nicht mehr rückgängig machen. Auch für die Verkehrsprobleme, mit denen viele Orte zu kämpfen haben, zeichnen sich keine überzeugenden Lösungen ab.

Geschichte, Gegenwart, Zukunft

Von der Antike bis zum Einfall der Araber

In der Antike wurde das Gebiet um die Costa Brava von Iberern bewohnt, bevor die Griechen im 7. Jh. v. Chr. erste Handelsniederlassungen in Empúries und Roses gründen. Nachdem die Römer um 218 v. Chr. Karthago besiegt haben, beginnen sie, von Empúries aus die Iberische Halbinsel zu erobern. Im 5. Jh. n. Chr. dringen die Westgoten von Norden in Katalonien ein und machen Barcelona zu ihrer Hauptstadt. Ihre Herrschaft endet im 8. Jh. mit der Invasion der Araber. Es folgen Kämpfe zwischen Franken und Mauren, aus denen Karl der Große siegreich hervorgeht. 878 gelingt es dem Grafen Guifré el Palós, Wilfried dem Behaarten, die katalanischen Grafschaften im Norden 878 zu einem Königreich zu vereinen und die Dynastie des Grafenhauses Barcelona zu begründen.

Kataloniens Blüte im Mittelalter

Dieses emanzipiert sich um 988 von der fränkischen Herrschaft und erlangt die Unabhängigkeit. Durch geschickte Heiratspolitik schließt sich Katalonien im 12./13. Jh. mit Aragonien zusammen, das sein Königreich expandiert im Mittelmeerraum. Unter König Jaume I. werden Mallorca und Valencia erobert und die katalanischen demokratischen Institutionen des *consell de cent* (Rat der Hundert) und der *corts* (Parlament) begründet. 1359 konstituiert sich auch die Generalitat, die noch heute als Landesregierung fungiert. Das Land erlebt eine politische und wirtschaftliche Blütezeit. So werden im 14. Jh. auch Sardi-

nien, Sizilien und Neapel katalanisch. Durch die Heirat Ferdinands II. von Aragonien mit Isabella von Kastilien wird das Königreich Katalonien 1469 allerdings mit Kastilien vereint, was langfristig zu einem Verlust der katalanischen Souveränität führt.

Verlust der Autonomie

Dieses Schicksal besiegelt die Thronbesteigung Kaiser Karls V., mit der 1516 die Herrschaft der Habsburger in Spanien beginnt. Zwar behält Katalonien zunächst seine Autonomie. Doch während sich die spanische Krone zunehmend an den überseeischen Gebieten orientiert, wird den katalanischen Häfen der Handel mit Südamerika verboten. Nach weiterer politischer und wirtschaftlicher Schwächung erhebt sich Katalonien 1640 gegen Philipp IV., um seine Rechte zurückzuerhalten. Doch dem Versuch, mit Hilfe Frankreichs in der »Guerra dels Segadors«, dem Krieg der Schnitter – aus dieser Zeit stammt auch die katalanische Nationalhymne »Els Segadors« –, eine unabhängige Republik zu begründen, ist nur ein kurzer Erfolg beschieden: Nachdem spanische Truppen das Land besetzen, wird Katalonien im »Pyrenäenfrieden« geteilt: Die nördlichen Gebiete fallen Frankreich zu. In den spanischen Erbfolgekriegen behaupten sich die Bourbonen als neues Herrschergeschlecht, die von den Katalanen unterstützten Habsburger unterliegen. So muss Barcelona 1714 kapitulieren, die Institutionen der katalanischen Selbstverwaltung werden aufgelöst. Der Tag der großen Niederlage, der 11. September 1714, wird noch heute als katalanischer Nationalfeiertag begangen.

Industrialisierung und erstarkendes Nationalbewusstsein

Politisch war das Land zur Provinz degradiert, doch wirtschaftlich blüht es später wieder auf. Es entstehen Fabriken, 1848 wird die erste spanische Eisenbahnstrecke zwischen Barcelona und Mataró gebaut. So setzt im Zuge der Industrialisierung um 1840 auch die sogenannte *renaixença*, die Rückbesinnung auf die eigene katalanische Identität, ein. Nachdem mehrmals Ansätze für eine eigene Verfassung erarbeitet wurden, erhält Katalonien schließlich 1931 während der Zweiten Spanischen Republik ein Autonomiestatut, das ihm weitgehende wirtschaftliche und kulturelle Eigenständigkeit garantiert. Doch durch den Spanischen Bürgerkrieg von 1936 bis 1939 und den Sieg der Franco-Truppen werden die gewonnenen Rechte bald wieder rückgängig gemacht, auch der Gebrauch der katalanischen Sprache bleibt verboten.

Autonomiestatut und eigene Amtssprache

Erst nach Francos Tod im Jahr 1975 und der nachfolgenden Demokratisierung wird Katalonien 1979 wieder eine *Comunidad Autónoma*, eine Autonome Region innerhalb Spaniens mit Katalanisch als gleichberechtigter Amtssprache neben Spanisch. Zum Zeitpunkt ihrer 1000-Jahr-Feier im Jahr 1988 blüht die Region zu einer der dynamischsten Europas auf und präsentiert sich 1992 selbstbewusst bei den Olympischen Sommerspielen von Barcelona der Weltöffentlichkeit. Ausgelöst durch den Wirtschafts- und Bauboom sowie die rasante touristische Entwicklung der Region wandern ca. 1 Mio. Menschen aus Lateinamerika und anderen Erdteilen zu. Doch mittlerweile hat die Euphorie durch die schwere Wirtschaftskrise Spaniens einen Dämpfer bekommen und vor allem an den Küsten werden die Folgen der aggressiven Bebauung sichtbar.

Nicht nur bei Pflanzen-Fans beliebt – der Botanische Garten von Blanes

Übernachten

Neben Mallorca ist die Costa Brava das Feriengebiet mit den meisten Übernachtungskapazitäten in ganz Spanien. Das größte Kontingent stellen die rund 130 000 Ferienwohnungen und -häuser dar, daneben gibt es ca. 800 Hotels und um die 115 Campingplätze. Die Unterkunftsmöglichkeiten decken ein breites Spektrum von der Jugendherberge bis zur Luxusvilla ab, wobei der Trend zu mehr Komfort geht. Natürlich spiegelt sich das auch in den Preisen wider. Die Preise können je nach Saison sehr stark schwanken. Für die Hochsaison empfiehlt es sich, frühzeitig im Voraus zu buchen. In der Vor- und Nachsaison kann man sich auch spontan vor Ort eine Bleibe suchen.

Hotels, Hostals, Pensionen und Fondes

An der Costa Brava gibt es Hotels jeder Kategorie, von der schlichten Pension ohne Bad bis hin zur Luxusherberge. Die einfachste Art zu übernachten bieten die *fondes*, *pensions* oder *hostals*, die z. T. aber durchaus stilvoll und komfortabel sein können. Danach folgen Hotels mit ein bis fünf Sternen. Zu beachten ist, dass häufig die Mehrwertsteuer von 7 % nicht inbegriffen ist. Auch das Frühstück wird in spanischen Hotels oft extra berechnet. Viele Betriebe bieten Halb- oder Vollpension, manchmal ist die Buchung inklusive Mahlzeiten in der Hochsaison sogar verpflichtend.

Hotelverzeichnisse sind bei den örtlichen Fremdenverkehrsämtern, für die ganze Provinz Girona bei Katalonien Tourismus in Frankfurt bzw. den Spanischen Fremdenverkehrsämtern in Deutschland, Österreich und der Schweiz sowie dem Tourismusbüro von Girona erhältlich, bei dem man auch direkt eine Unterkunft buchen kann (www.costabrava.org). Eine Übersicht gibt auch der Hotel- und Gaststättenverband der Provinz Girona (Tel. 972 22 43 44, www.gihostaleria.org), für Barcelona das Fremdenverkehrsamt Turisme de Barcelona (Tel. 932 85 38 33, www.barcelonaturisme.com).

Unterkünfte in Verbindung mit Golf-, Fahrrad- oder Wanderurlaub vermittelt die Hotelvereinigung **Costa Brava Centre Hotels** (Tel. 972 60 00 17, www.costabravacentre.com). Außerdem organisieren die Veranstalter Naturatour und Terraviva Aufenthalte in Hotels und Landhäusern in Verbindung mit Wander- und Aktivurlaub unter deutschsprachiger Reiseleitung (www.e-activ-hotels.com, www.terraviva.de). Wer an der Costa Brava eine Konferenz oder eine Tagung plant, wendet sich am besten an **Girona Convention Bureau** (Gran Via Jaume I 46, 17001 Girona, Tel. 972 41 85 00, www.gironacb.com).

Paradores

Die staatliche Kette der spanischen Paradores (www.parador.es) ist an der Costa Brava mit nur einem Haus in Aiguablava vertreten. Weitere Häuser befinden sich im Landesinneren. Aufenthalte und Rundreisen mit Paradores-Aufenthalt organisiert Iberotours in Deutschland, Tel. 0211 864 15 20, www.iberotours.de.

Ferienwohnungen und -häuser

Auch wenn es auf den ersten Blick nicht auffällt – der überwiegende Teil der Urlauber kommt in den rund 115 000 Ferienwohnungen unter, die sich an der Costa Brava befinden. Oft werden sie direkt vor Ort von Agenturen oder über Netzbetreiber vermittelt. Infos bekommt man in den Touristeninformationen. Mitunter werden die Wohnungen nur wochenweise vermietet. Erkundigen sollte man sich auch, ob Bettwäsche und Handtücher mitzubringen sind oder vor Ort gegen Gebühr vermietet werden. Einen guten Überblick gibt außerdem die Broschüre ›Apartaments-Viles Costa Brava‹, die beim Fremdenverkehrsamt Costa Brava-Girona oder bei lokalen Touristeninformationen erhältlich ist (im Internet unter www.apartamentos-ata.com). Daneben gibt es zahlreiche Reservierungszentralen im Internet, z. B. www.katalonien-netz.de, www.sudvacances.com, www.terraviva.de, www.costabrava-infos.de, www.barcelona-online.es, www.barcelonahotel.com.

Jugendherbergen

Im Umkreis der Costa Brava gibt es Jugendherbergen in Girona und L'Escala, außerdem vier Stück in Barcelona. Die billigste Übernachtung mit Frühstück kostet ca. 16 €. Meistens werden zusätzlich Halb- und Vollpension angeboten.

Die Jugendherbergen nehmen auch Familien auf und verfügen z. T. über separate kleinere Zimmer für Paare. Wer nicht Mitglied eines Jugendherbergsverbands ist, muss vor Ort einen Ausweis (ca. 5 € pro Person) erwerben (www.xanascat.cat).

Camping

Die Costa Brava ist ein beliebtes Campinggebiet mit z. T. hervorragend ausgestatteten Plätzen, vor allem im Gebiet von Sant Pere Pescador und Pals. Auch im Landesinneren gibt es schöne Anlagen in den Pyrenäen, in der Nähe von Naturparks oder kleinen Flüssen. Die Preise können je nach Saison und Ausstattung stark schwanken. Meist sind sie nur in der Zeit von April bis Oktober geöffnet. Für Urlauber, die ohne Zelt oder Wohnwagen anreisen, werden auf vielen Campingplätzen Bungalows vermietet. Einen Überblick gibt die Broschüre der Vereinigung der Campingplätze, die bei den Fremdenverkehrsämtern erhältlich ist, oder die Website www.campingsgirona.com.

Landhäuser und -hotels

Urlaub in Landhäusern oder auf Bauernhöfen (*turisme rural*, *agroturisme*) wird in der Provinz Girona immer beliebter. Entweder bieten Bauernhöfe (*cases de pagès*) Übernachtungen mit Frühstück oder weiteren Mahlzeiten an oder es werden ganze Landhäuser, sogenannte *gites*, vermietet, die z. T. sehr luxuriös sind und über Schwimmbäder verfügen. In eine dritte Kategorie fallen die in vielen Dörfern entstandenen charmanten Landhotels (*petits grans hotels*), die historische Gebäude mit neuem Leben füllen. Die Preise für Übernachtungen sind recht unterschiedlich, in Bauernhäusern entsprechen sie denen von 1- bis 3-Sterne-Hotels, in Landhotels liegen sie häufig auf dem Niveau von 3- oder 4-Sterne-Hotels. Die *gites* werden wochenweise je nach Größe und Ausstattung für Preise zwischen 200 und 1500 € vermietet.

Essen und Trinken

Verfeinerte Mittelmeerküche

Die Küche der Costa Brava ist typisch für die Mittelmeerregion, wobei die frischen Produkte – Fisch und Meeresfrüchte aus dem Meer, Fleisch und Pilze aus den Pyrenäen, Obst und Gemüse aus dem Baix Empordà – durch traditionelle katalanische Rezepte veredelt werden. Charakteristisch ist u. a. die Kombination von Salzigem und Süßem, aus der Gaumenfreuden wie Entenragout mit Birne oder Hühnchen mit Languste entstehen.

Frühstück und Aperitif

In Hotels gibt es wie überall mehr oder weniger üppige Buffets, die jedoch nicht immer im Übernachtungspreis inbegriffen sind. Urlauber, die nicht so ausgiebig frühstücken wollen, halten es deshalb wie viele Katalanen und nehmen ihr Frühstück an der Bar ein: Zum kleinen schwarzen oder mit Milch versetzten Kaffee gibt es Croissants oder *ensaïmades* – luftige, mit Schweineschmalz zubereitete Hefeschnecken. Zum zweiten Frühstück passt dann eher ein herzhaftes Sandwich: Das *entrepà*/*bocadillo* wird mit Käse, Schinken, Thunfisch, Anchovis, Wurst oder Omelett belegt. Vor den Hauptmahlzeiten trifft man sich gern zum Aperitif. Dann werden zu Bier, Sherry oder Cava ein paar *tapes/tapas* verspeist.

Mittag- und Abendessen

Wie in ganz Spanien wird auch in Katalonien spät zu Mittag und zu Abend gegessen. Die Einheimischen nehmen ihr Mittagessen (*dinar*/*comida*) nicht vor 13.30 Uhr zu sich, mit dem Abendessen (*sopar*/*cena*) beginnt man frühestens um 20.30 Uhr. Die Restaurants sind allerdings oft schon eher, um 13 oder 20 Uhr geöffnet. Vor allem mittags werden häufig preiswerte Tagesmenüs angeboten, die aus drei Gängen bestehen (*primer plat*/*plato*, *plat*/*plato principal* und *postres*/*postre*). Der erste Gang besteht aus Salat, Suppe, Gazpacho, Cannelloni

Kasten: Tomatenbrot auf Katalanisch

Ursprünglich als Resteverwertung gedacht, um trockenes Brot aufzuweichen, ist aus dem *pa amb tomàquet*/*pan con tomate* eine Art Nationalgericht geworden: Auf den Baguettestücken wird eine reife Tomate ausgedrückt, anschließend kommen ein wenig Olivenöl und Salz darauf. Wer will, reibt die Brotscheiben vorher noch mit Knoblauch ein. In einigen Restaurants werden die Zutaten auf den Tisch gestellt, sodass sich die Gäste ihr Tomatenbrot selbst zubereiten können – die Katalanen lieben dieses Ritual. Entweder wird *pa amb tomàquet* als Beilage zu gegrilltem Fleisch gegessen oder es wird als Sandwich mit Aufschnitt belegt. Inzwischen haben sich auch katalanische Imbissketten auf diese Art von Snack spezialisiert und machen internationalen Anbietern Konkurrenz.

In alten Kellern reifen die Tropfen, die perfekte Begleiter für die mediterrane Küche sind

(*canelons*) oder einer anderen Vorspeise, der Hauptgang kann eine Paella, ein Fisch- oder ein Fleischgericht mit Beilagen sein. Zum Dessert gibt es eine Cremespeise, Eis oder frisches Obst. Wenn man à la carte isst, kann auch ein Gang wegfallen. Doch in besseren Restaurants wird erwartet, dass man mindestens zwei Gänge bestellt. Für diejenigen, die es eilig haben, bieten viele einfache Lokale zudem *plats combinats/platos combinados* mit Fleisch, Spiegeleiern, Kroketten, Salat oder anderen Beilagen auf einem einzigen Teller an.

Getränke

Zum Essen trinkt man Wasser und Weiß-, Rosé- oder Rotwein, die oftmals im Preis inbegriffen sind. Wein wird offen serviert, wenn es sich um den Tischwein des Hauses (*ví de la casa/vino de la casa*) handelt, Markenweine in Flaschen. Im Sommer bevorzugen viele Katalanen Bier oder *cava*, den katalanischen Champagner. Sangría ist eher in Touristengebieten üblich. Beim Mineralwasser ist zu beachten, dass meist stilles Wasser (*aigua sense gas/agua sin gas*) gereicht

wird. Bevorzugt man Wasser mit Kohlensäure, muss man dies ausdrücklich bestellen (*aigua amb gas/agua con gas*). Viele Spanier beschließen das Mahl mit einem Kaffee (häufig koffeinfrei: *cafe descafeinat/descafeinado*).

Fisch und Fleisch

Spezialität der Costa Brava sind natürlich Fisch und Meeresfrüchte, die in allen Variationen zubereitet werden. Zum Teil werden sie einfach gegrillt oder in etwas Olivenöl und Knoblauch gebraten mit Petersilie serviert. Beliebt sind außerdem Paellas in allen Variationen: mal mit Hühnchen und Muscheln, mal mit mehr Gemüse, mal nur mit Fisch und Meeresfrüchten. Der Fantasie des Kochs sind keine Grenzen gesetzt. Für den nördlichen Teil der Costa Brava typisch ist die Kombination von *mar i muntanya*, Meer und Gebirge. Das bekannteste Beispiel für diese Verbindung von Fisch und Fleisch ist das *pollastre amb llagosta*, Hühnchen mit Languste in einer kräftig abgeschmeckten Sauce. Eine der beliebtesten Zubereitungsarten von Fleisch ist das Grillen auf Holzkohle, auf das sich viele Restaurants spezialisiert haben.

Reiseinfos von A bis Z

Anreise

... mit dem Flugzeug

Viele Fluggesellschaften bieten täglich Direktflüge von Deutschland, Österreich oder der Schweiz nach Barcelona. Bei rechtzeitiger Buchung sind die Tarife mitunter sehr günstig. Einige fliegen auch Girona an, das wesentlich näher an der Costa Brava liegt. Flughafen Barcelona: Tel. 932 98 38 38, www.aena.es. Von hier gibt es sowohl einen Flughafenbus als auch eine U-Bahn-Verbindung ins Stadtzentrum. Außerdem befinden sich am Flughafen zahlreiche Mietwagenfirmen. Flughafen Girona: Tel. 972 18 66 00, www.aena.es. Von hier gibt es Zubringerbusse ins Stadtzentrum und zu verschiedenen Küstenorten. Außerdem haben diverse Mietwagenfirmen ihre Niederlassungen am Flughafen.

... mit dem Bus oder Zug

Neben den Busreiseveranstaltern (z. B. Eurolines, www.touring.de) bieten viele Reiseveranstalter Pauschalreisen mit dem Bus an, wobei man ein bis zwei Tage unterwegs ist. Die Anreise mit dem Zug ist relativ umständlich und vergleichsweise teuer. Außerdem erreicht man nur wenige Orte der Costa Brava mit diesem Verkehrsmittel. Meist muss man in Barcelona, Figueres oder Girona in einen Linienbus umsteigen.

... mit dem Auto

Bei Anreise mit dem eigenen Pkw ist man vor Ort mobil. Dafür muss man jeweils ein bis zwei Tage Fahrzeit und neben den Benzinkosten die Gebühren für die französische und spanische Autobahn in Kauf nehmen (die Maut kann mit Kreditkarte bezahlt werden). Die Küstenorte liegen jeweils ca. 30 km von der Autobahn A7 entfernt. Wer die lange Autofahrt scheut, aber trotzdem vor Ort seinen Pkw dabei haben möchte, kann bequem mit dem Autoreisezug der Deutschen Bahn bis Narbonne in Südfrankreich fahren. Über günstige Spartarife informiert: www.dbautozug.de.

Einreise

Schweizer, Deutsche und Österreicher benötigen für die Einreise einen gültigen Personalausweis bzw. Reisepass. Kinder brauchen einen eigenen Personalausweis oder Reisepass, sofern sie nicht vor 2007 im Pass der Eltern eingetragen wurden. Für Aufenthalte über drei Monate muss man eine Aufenthaltsgenehmigung beantragen.
Zollbestimmungen: Für EU-Bürger sind die Binnenzölle innerhalb der Europäischen Union entfallen. Für Nicht-EU-Bürger gelten die Zollbestimmungen. Danach gelten also Mengenbegrenzungen z. B. 1 l Spirituosen oder 2 l Wein sowie 200 Zigaretten aus dem Dutyfree-Shop oder dem Flugzeug bei der Ein- und Ausreise.
Haustiere: Für Hunde sind ein amtstierärztliches Gesundheitszeugnis (höchstens zehn Tage alt) sowie ein Tollwutimpfzeugnis (auf Deutsch und Spanisch, die Impfung muss mindestens einen Monat zurückliegen und darf nicht älter als zwölf Monate sein) erforderlich.

Feiertage

1. Januar: Neujahr
6. Januar: Dreikönigstag

20. Januar: In einigen Orten, z. B. Cadaqués, Sant Feliu de Guíxols, Tossa de Mar, wird der Namenstag des hl. Sebastian gefeiert.

Februar: Karneval. In einigen Orten, z. B. Platja d'Aro, wird ausgiebig Karneval gefeiert.

Karwoche (Semana Santa): Gründonnerstag bis Ostermontag

23. April: Namenstag des hl. Georg (Sant Jordi)

1. Mai: Tag der Arbeit

24. Juni: Johannistag

11. September: Katalanischer Nationalfeiertag (Diada)

12. Oktober: Spanischer Nationalfeiertag

1. November: Allerheiligen

8. Dezember: Unbefleckte Empfängnis

25./26. Dezember: Weihnachten

Feste und Events

Dreikönigsfest: 6. Jan., wird am Vorabend mit Wagenumzügen eingeläutet, bei denen die Kinder beschenkt werden.

Karneval: Feb./März: Einige Orte, z. B. Platja d'Aro, feiern ausgiebig .

Ostern: In Blanes macht sich die Bevölkerung zu Ehren der Heiligen Jungfrau von El Vilar am Osterdienstag zu einer Wallfahrt auf. Im Landesinneren, in Verges, wird in der Nacht von Gründonnerstag auf Karfreitag auf dem Marktplatz eine Art **Passionsspiel** mit anschließendem Totentanz aufgeführt. In Girona findet seit 1566 eine Prozession statt, bei der 100 *manaies* die römischen Truppen darstellen. Im nahegelegenen Bellcaire führen 100 Schauspieler, von Troubadourliedern und -tänzen begleitet, den Kampf von König Jaume dem Eroberer gegen die Feudalherren auf.

Fronleichnam (Corpus Cristi): Mai. Wird häufig mit Blumenteppichen am darauf folgenden Sonntag gefeiert.

Festes de Primavera (Frühlingsfeste): Sie werden in Palafrugell mit karnevalsartigen Umzügen gefeiert.

Blumen in Girona: 2. Maihälfte. Die ganze Stadt wird mit Blumen geschmückt.

Johannisnacht: 23. Juni: Vielerorts werden Johannisfeuer entzündet, dazu gibt es *cava* und *coca*, ein flaches Hefegebäck, das mit Pinienkernen, kandierten Früchten oder Zucker bestreut wird.

Havaneres: 1. Juliwochenende. In Calella de Palafrugell singen Männerchöre vor Zigtausenden von Besuchern die nostalgischen Lieder der Kuba-Seefahrer.

Verge del Carme: 16. Juli. Cadaqués, L'Escala, L'Estartit, Palamós und andere Küstenorte feiern den Tag der Schutzheiligen der Seefahrer mit Prozessionen auf dem Wasser und Festumzügen.

Wallfahrt zu Ehren der hl. Christina: 24. Juli. In Lloret de Mar mit Regatta und dem Tanz les almorratxes.

Festes de Santa Anna: 2. Julihälfte. Blanes feiert seine Schutzheilige mit einem Feuerwerkwettbewerb.

Festivalsaison: Juli/Aug. Vor allem in Cadaqués, Calella de Palafrugell, Peralada, Sant Feliu de Guíxols, Sant Antoni de Calonge (bei Palamós) und in Torroella de Montgrí geben internationale Musiker Konzerte in Kirchen, Klöstern, Schlössern oder unter freiem Himmel. In Barcelona findet das **Grec-Sommerfestival** statt.

Festa Major: Aug./Sept. Viele Orte, z. B. Roses begehen ihre Stadtfeste.

Malwettbewerb: Letzter Sonntag im Aug. In Tossa stellen um die 200 Profis und Amateure ihre Staffeleien in der Altstadt auf.

Festival der Minnesänger und Troubadoure: 2. Woche im Sept.: In Castelló d'Empúries finden Konzerte, Ausstellungen und ein Mittelaltermarkt statt.

Lateinsegeltreffen: 2. Samstag im September: Das beliebte Treffen findet in Cadaqués statt.

Namenstag der Schutzpatronin von Barcelona (Mercè): 24. September. Mehrtägiges Stadtfest mit Konzerten, Lauffeuer und Feuerwerk.

Filmfestival in Girona: 1. Oktoberwoche

Festes de Sant Martirià: 23. Okt. In Blanes wird der Heilige mit Umzügen von Giganten, Sardanas-Tanz-Wettbewerb und Konzerten gefeiert.

Hl. Narziss: 29. Okt. Girona feiert seinen Stadtheiligen mit Konzerten, Theater, Sardanas-Tänzen und Märkten.

Pessebres vivents: 2. Dezemberhälfte. In vielen Orten, z. B. Platja d'Aro, werden Krippenspiele veranstaltet.

Geld

Das Zahlen mit Kreditkarte ist in Katalonien sehr verbreitet, sowohl in Restaurants als auch in Geschäften. An Geldautomaten bekommt man mit Kredit- oder EC/Maestro-Karte (plus Geheimnummer) auch problemlos Bargeld. Banken wechseln Reiseschecks.

Kreditkarten sperren: s. Sicherheit und Notfälle S. 24).

Gesundheit

EU-Bürger mit Europäischer Krankenversicherungskarte werden wie Spanier in den örtlichen Gesundheitszentren (*Centres de salut*) kostenlos behandelt. In den größeren Orten der Costa Brava sind Ärzte, Kliniken und Gesundheitszentren auf ausländische Urlauber eingestellt, z. T. gibt es auch deutsche Ärzte oder solche, die Deutsch oder Englisch sprechen. Im Krankheitsfall sollte man sich im Hotel oder bei den Fremdenverkehrsämtern nach ihnen erkundigen. Außerdem hat das deutsche Generalkonsulat in Barcelona eine Liste deutschsprachiger Ärzte. Wer sich zu Privatärzten begibt, zahlt die Rechnung direkt und lässt sich die Kosten später erstatten. Es empfiehlt sich eine Auslandsreise-Krankenversicherung, die für relativ geringe Beiträge die Kosten für Behandlungen und Medikamente sowie Zahnbehandlungen übernimmt, bei denen die Sätze in Spanien z. T. erheblich differieren. Bei fast allen gesetzlichen Krankenkassen ist aber mittlerweile Urlaub im europäischem Ausland mitversichert.

ADAC Barcelona: Tel. 935 08 28 28, www.adac.de. Hilfe bei Unfällen, Listen deutschsprachiger Ärzte usw.

Informationquellen

Katalonien Tourismus, 60325 Frankfurt/Main, Palmengartenstraße 6, Tel. 069 74 22 48 73, www.katalonien-tourismus.de

Spanische Fremdenverkehrsämter im Ausland, 10707 Berlin, Kurfürstendamm 63, Tel. 030882 65 43, berlin@tourspain.es

40237 Düsseldorf
Grafenberger Allee 100, Tel. 02 11 680 39 81, dusseldorf@tourspain.es

60323 Frankfurt
Myliusstraße 14, Tel. 069 72 50 38, frankfurt@tourspain.es

80336 München
Schubertstraße 10, Tel. 089 530 74 60, munich@tourspain.es

1010 Wien 1
Walfischgasse 8, Tel. 01 512 95 80, viena@tourspain.es

8008 Zürich
Seefeldstraße 19, Tel. 044 253 60 50, zurich@tourspain.es

Prospektanforderung
Tel. 06123 991 34

Costa Brava im Internet

Allgemeine Tipps
Landeskennung Katalonien: cat, Spanien: es

www.katalonien-tourismus.de: Offizielle Seite von Katalonien Tourismus in deutscher Sprache. Allgemeine Informationen über Katalonien und das touristische Angebot, auch Online-Bestellung von Prospekten.

www.gencat.cat: Offizielle Seite des Katalanischen Tourismusbüros. Sehr detaillierte Infos zu den einzelnen Regionen auf Deutsch, zu Unterkünften und touristischen Angeboten.

www.spain.info/de: Offizielle Seite des Spanischen Fremdenverkehrsamts. Umfangreiche Infos auf Deutsch, auch Online-Bestellung von Prospekten.

www.costabrava.org: Umfassender Internetauftritt des Fremdenverkehrsamts der Costa Brava. Umfangreiche Infos zu Sportangeboten, Veranstaltungen, Wetter und touristischen Angeboten auf Deutsch.

www.barcelonaturisme.com: Offizielle Seite des Fremdenverkehrsamts von Barcelona. Umfangreiche Infos zum touristischen Angebot, auch auf Englisch.

www.bcn.es: Die offizielle Website der Stadtverwaltung von Barcelona mit Informationen (z. B. zu Kultur oder Stadtplanung), die über die touristischen Inhalte weit hinausgehen, auch in englischer Sprache.

Deutschsprachige Seiten
www.capcreus.com bzw. **www.cbrava.com:** Das Online-Magazin informiert über kulturelle Veranstaltungen, Ereignisse und Wetter der Region.
www.katalonien-netz.de: Website eines Online-Verlags. Informationen zu Katalonien, Hotels, Ferienwohnungen usw. in deutscher Sprache.
www.tourist-online.es/Katalonien: Website von Ferienhaus- und Wohnungsanbietern, Hotels und Mietwagenfirmen.

Kinder

Wichtig für KInder: Vor der instensiven Sonneneinstrahlung sollten sie durch Kopfbedeckungen, gegebenenfalls T-Shirts und Sonnencremes mit hohem Lichtschutzfaktor geschützt werden. Außerdem sollte man immer etwas zum Trinken dabei haben. Bei felsigen Buchten sind Badeschuhe angebracht, vor allem in Gegenden, wo es Seeigel gibt.

Alles, was man für Kleinkinder braucht, von Windeln bis zur Babynahrung bekommt man in Supermärkten bzw. Apotheken, die übrigens viele Medikamente auch ohne Rezept verkaufen. Trotzdem sollte man das Wichtigste – etwa erprobte Mittel gegen Fieber, Durchfall oder Sonnenbrand – möglichst schnell selbst zur Hand haben.

Die Wahl des richtigen Ortes
Ideal zum Buddeln und Toben im Sand ist der Golf von Roses, insbesondere bei Sant Pere Pescador, außerdem die Strände von Blanes, Sant Feliu de Guíxols und Palamós, vor allem die unverbaute Platja del Castell. Meiden sollte man Orte wie Platja d'Aro oder Lloret, die im Zeichen des Nachtlebens stehen, sodass Kinder hier unter Umständen nur schwer zur Ruhe kommen.

Aquaparks
An der Costa Brava gibt es diverse Anlagen mit Riesenrutschen, Wasserspie-

len, Trampolinen usw. Besonders viel Spaß haben Familien in den Wasserparks. Die größte und modernste Anlage befindet sich in Blanes, weitere *parcs aquàtics* gibt es in Lloret, Roses und Platja d'Aro.

Bootstouren

In vielen Orten werden Dampferfahrten angeboten, z. T. auch solche mit Glasbodenbooten. Außerdem gibt es vielerorts Tretboote. Das Angebot der Surf-, Segel- und Kajakschulen ist in vielen Orten speziell auf Kinder zugeschnitten.

Museen

Womit Kinder früher spielten, zeigen die Spielzeugmuseen von Figueres und Sant Feliu de Guíxols.

Naturparks

Interessant für Kinder ist der Parc d'Aiguamolls (s. S. 56), in dem man Vögel, Büffel und andere Tiere beobachten kann. Außerdem empfehlen sich die Botanischen Gärten von Blanes (s. S. 101). Schmetterlinge gibt es wiederum im Butterfly-Park von Empuriabrava (s. S. 54) zu bewundern. Schildkröten aller Art und Größe sind im Schildkrötenpark von Vilamaniscle (Centre de Reproducció de Tortugues) zu bewundern.

Barcelona

Ein umfangreiches Kinderprogramm hat die Großstadt zu bieten mit ihrem riesigen Aquarium, dem Schifffahrtsmuseum, dem Ciutadella-Park mit Zoo, Spielplätzen und dem Teich zum Ruderbootfahren. Außerdem locken der Parc del Laberint (Passeig dels Castanyers, Tel. 934 13 24 00) mit Löwenplatz und Liebesinsel, der von Gaudí gestaltete Parc Güell sowie der Vergnügungspark auf dem Hausberg Tibidabo.

Klimadiagramm Lloret de Mar

Klima und Reisezeit

An der Costa Brava herrscht ein angenehmes Klima mit warmen Sommern, mäßig regenreichen Übergangszeiten und milden Wintern. So herrschen im Juli Durchschnittstemperaturen von rund 28 °C, im Januar immerhin noch 12,7 °C. Im Frühjahr kann es sehr wechselhaft sein, sodass die Badesaison – vor allem im Norden – erst im Mai oder Juni beginnt und im Oktober endet. Charakteristisch für die Küste ist die *tramuntana*, ein rauer Nordwind, der sowohl eisige Luft als auch strahlenden Sonnenschein bringt. Die angenehmste Reisezeit ist im Mai, Juni, September und Oktober, wenn gemäßigte Temperaturen vorherrschen. In den Wintermonaten machen die Küstenorte einen verwaisten Eindruck, viele Hotels bleiben geschlossen. Richtig voll wird es im Juli und August, wenn die meisten Gäste aus dem Ausland kommen. Mit den steigenden Temperaturen klettern auch die Preise in die Höhe. Neben dem Aufschlag für die Hochsaison verpflichten jetzt viele Hotels zu Halb- oder Vollpension.

Öffnungszeiten

Banken: Mo–Fr 9–14, Sa meist 9–13 Uhr (im Sommer Sa geschl.).

Postämter: in Barcelona Mo–Fr 8.30 bis 20, Sa 9–13 Uhr, in kleineren Orten unterschiedlich. Die Hauptpost in Barcelona hat die Tel. 934 86 80 50, für Telegramme wählt man in Barcelona Tel. 933 22 20 00, in der Provinz Girona Tel. 972 48 32 72. Postlagernde Briefe müssen den Vermerk *lista de correos* tragen.

Geschäfte und Fremdenverkehrsbüros: Mo–Sa 9–13, 17–20 Uhr, in den Touristenzentren in der Hochsaison auch durchgehend und sogar So vormittags geöffnet.

Museen: meist Di–Sa 10–13/14 und 16–19/20 Uhr, So nur vormittags, was je nach Saison und Ort schwanken kann.

Kirchen: meist 8–12/13 und 17–20 Uhr, wenn keine offiziellen Besichtigungszeiten angegeben sind. Zum Teil auch nur zu den Gottesdiensten.

Rauchen

Allgemein herrscht in Spanien Rauchverbot, sodass z. B. auch an öffentlichen Orten wie Flughäfen nicht geraucht werden darf und für Raucher entsprechende Zonen zur Verfügung stehen. Kleinere Lokale können allerdings entscheiden, ob sie tatsächlich rauchfrei bleiben wollen, und müssen dies entsprechend deklarieren.

Reisen mit Handicap

Zwar sind in Spanien viele Zugänge zu öffentlichen Gebäuden und Toiletten sowie Bordsteine rollstuhlfahrergerecht gestaltet. An der Costa Brava sieht es allerdings anders aus. Erst nach und nach werden hier auch Rampen gebaut oder richten sich die Hotels auf Rollstuhlfahrer ein. Insgesamt ist die Küste von ihrer Unwegsamkeit her Behinderten kaum zu empfehlen. Eine Broschüre über behindertengerechte Hotels gibt es beim Centro estatal de minusválidos físicos, Tel. 917 44 36 00, www.cocemfe.es.

Sport und Aktivitäten

Golf

Mit ihren milden Temperaturen und rund 35 Golfplätzen bzw. Pitch & Putts bietet die Costa Brava fast ganzjährig ideale Bedingungen für den Golfsport. Mal dicht am Meer, mal in den Vorpyrenäen angesiedelt, sind die Plätze landschaftlich sehr abwechslungsreich und teilweise von großer Schönheit. Der elegante Golf de Pals entstand als Erster bereits 1966. Nachdem die Küste mehr oder weniger versorgt war, sind in den letzten Jahren neue Plätze im Landesinneren hinzugekommen. Das Angebot der 18-Loch-Plätze vervollständigen mehrere Pitch & Putts. Viele Clubs verleihen auch Material wie Schläger, Buggies oder Golfcars, verfügen über Shops, Bars oder sogar Gourmetrestaurants. Außerdem veranstalten einige von ihnen regelmäßig Turniere. Manche Hotels, z. B. das Peralada Wine Spa & Golf, bieten spezielle Golfarrangements an. Informationen bei der Federació Catalana de Golf, Barcelona, Tel. 934 14 52 62, www.catgolf.com, oder der Associació de Camps de Golf, Girona, Tel. 972 66 77 39, www.golfin costabrava.org.

Mountainbiking

Der Radsport ist in Spanien sehr beliebt. Viele Hotels, Campingplätze usw. bieten inzwischen Leihräder an. Allerdings muss man an der Costa Brava große Steigun-

Sicherheit und Notfälle

Abgesehen von den großen Touristenzentren ist die Costa Brava kein besonders gefährliches Pflaster. Trotzdem sollte man keine Wertgegenstände im Auto liegen lassen, das Autoradio entfernen oder sichern, in den Hotels Geld, Schmuck und Dokumente im Safe aufbewahren und am Strand seine Sachen nicht unbeaufsichtigt lassen. Wenig belebte Gegenden sollte man nachts ebenso meiden wie Parkplätze an den Autobahnen. In Barcelona sind vor allem in der Altstadt rund um die Rambles zahlreiche Straßenräuber unterwegs. Wenn möglich, sollte man auf Handtaschen ganz verzichten, Geld und die nötigsten Papiere in Innentaschen der Kleidung verwahren. Wer außerhalb der Geschäftszeiten an den Geldautomaten geht, sollte die Tür der Bank oder Sparkasse verriegeln.

Allgemeiner Notruf: 112.

Polizei: 091 oder 092.

Guardia Civil: 062 (außerhalb von Ortschaften zuständig).

Feuerwehr: 080.

Krankenwagen und Arztnotruf: 061.

Fundbüro: In Barcelona Oficina de Troballes, Pl. Carles Pi i Sunyer 8–10, Tel. 93 413 20 26 oder 93 413 20 27, sonst beim jeweiligen Fremdenverkehrsbüro bzw. Flughafen, Eisenbahn (Renfe) oder Busunternehmen erfragen.

Kreditkarten-Verlust: Sperrnotruf 0049 116 116 (tgl. 24 Std. erreichbar, gebührenpflichtig) oder 0049 30 40 50 40 50. American Express, Tel. 915 72 03 03, Eurocard/Mastercard, Tel. 915 19 21 00, Visa, Tel. 902 19 21 00, Diner's Club, Tel. 917 01 59 00.

Diplomatische Vertretungen:

Deutsches Generalkonsulat: Passeig de Gràcia 111, Barcelona, Tel. 932 92 10 02, Mo–Fr 8.30–11.30 Uhr. Zentrale Notrufnummer für Deutsche im Ausland: 0049 30 5000 2000. **Österreichisches Generalkonsulat:** Marià Cubí 7, Barcelona, Tel. 933 68 60 03, Mo–Fr 10–12 Uhr. **Schweizer Generalkonsulat:** Gran Via Carles III 94, Barcelona, Tel. 934 09 06 50, Mo–Fr 9–12.30 Uhr.

gen, holperige Wege und viel befahrene Landstraßen in Kauf nehmen. Hier gilt es, erhöhte Vorsicht walten zu lassen, da Autofahrer z. T. keine Rücksicht nehmen. Außerdem besteht für Radfahrer in Spanien Helmpflicht. Im Umkreis der Costa Brava gibt es fünf Mountainbike-Zentren (Centres BTT), die über sanitäre Einrichtungen, Reparatur-Service, Leihräder usw. verfügen (www.turismedecatalunya.com/btt). Infos zu Radrouten unter www.turisme decatalunya.com/cicloturisme).

Vias verdes: Ideal für alle, die große Steigungen scheuen, sind die ›grünen Wege‹. Aus alten Eisenbahnstrecken wurden bequeme Radstrecken (www. viasverdes.com, s. S. 89).

Wandern

Die Costa Brava und vor allem die benachbarten Pyrenäen eignen sich – außerhalb des Hochsommers – hervorragend zum Wandern. Ein Wegenetz von ca. 5000 km führt durch Katalonien, eingeteilt in Fernwanderwege (GR, rot-weiße Markierung), Kurzwanderwege (PR, gelb-weiße Markierung) und Ortswanderwege (SL, grün-weiße Markierung). In vielen Orten wurden in den letzten Jahren die sogenannten *camins de ronda*, Rundwege, angelegt, die am Wasser entlang zu schönen Buchten, Aussichtspunkten oder anderen Sehenswürdigkeiten führen. Nahezu die gesamte Küste kann man auf dem Europäischen Fernwanderweg GR 92 zwischen Portbou und Blanes ablaufen. Dabei gelangt man auch zu den landschaftlich spektakulärsten Küstenabschnitten (s. S. 76). Viele Fremdenverkehrsämter halten Faltblätter mit Angaben zu lokalen Wanderrouten bereit. Weitere Informationen erteilt die Vereinigung der Wandervereine FEEC in Barcelona (Tel. 934 12 07 77, www.feec.cat), außerdem ist bei Katalonien Tourismus entsprechendes Info-Material erhältlich (www.turismedecatalunya.com/wandern).

Pilgern: Vor Kurzem wurde auch eine Teilstrecke des Jakobswegs (Camí de Sant Jaume/Camino de Santiago) wieder hergerichtet, der auf mehreren 100 km quer durch Katalonien führt. Vom Kloster Sant Pere de Roda bei El Port de la Selva geht es über Figueres ins Landesinnere zum Kloster Montserrat südlich von Barcelona und weiter in Richtung Westen. Katalonien Tourismus hat dazu ein entsprechendes Faltblatt herausgegeben (www.cultura.catalunya.com).

Wassersport

Segeln und Motorsport: Die Küste verfügt über rund 20 gut ausgerüstete Yachthäfen. Roses, Empúriabrava, Palamós, Platja d'Aro, Sant Feliu de Guíxols und Blanes zählen zu den wichtigsten, inzwischen ist aber selbst in kleineren Orten wie Portbou ein *port esportiu* entstanden. Informationen zu den Yachthäfen beim Costa Brava Wassersport-Verband in Girona, Tel. 972 20 84 01, www.nauticcostabrava.com.

Surfen: Hierzu eignen sich vor allem der weite Golf von Roses (bei Sant Pere Pescador) und der Golf von Pals. Aber auch El Port de la Selva ist bei starkem Nordwind sehr beliebt. In vielen Orten haben sich Surfverleihstellen und -schulen etabliert. Die größten Surfschulen sind in Sant Pere Pescador, L'Escala und L'Estartit (www.nauticcostabrava.com).

Tauchen: Gleichzeitig ist die Costa Brava bevorzugtes Tauchgebiet und glänzt mit Highlights wie dem Cap de Creus sowie den Medes-Inseln bei L'Estartit. In vielen Orten gibt es Tauchzentren, die Material verleihen, Kurse und Tauchgänge organisieren. Informationen zu den 16 Tauchzentren der Küste gibt es beim Verband der Tauchclubs in L'Estartit, Tel. 972 75 17 68, www.subcostabrava.com.

Telefon und Internet

Telefonieren

Alle Telefonnummern bestehen aus neun Ziffern ohne separate Vorwahl, Festnetznummern beginnen jeweils mit einer »9«, an der Costa Brava (Provinz Girona) mit 972, in Barcelona mit 93. Handynummern mit einer »6«.

Vorwahl Spanien: 0034.
Vorwahl Deutschland: 0049.
Vorwahl Österreich: 0043.
Vorwahl Schweiz: 0041.
Telefonauskunft: national 118 18, international 118 25.
Öffentliche Telefone: Sie funktionieren mit Münzen und Kreditkarten. Mindesteinwurf bei City-Verbindungen sind 30 Cent, für Spanienverbindungen 50 Cent und für Mobilfunkverbindungen 1 €. Günstiger sind Telefonkarten (*targetas telefòniques*), die man in Tabakläden (*estancs*) oder Kiosken (*quioscs*) erhält.
Mobil telefonieren: Movistar, Vodafona und Orange sind die spanischen Netzbetreiber. Alle gängigen Handys

Strände

Llançà: Relativ einsame Buchten, z. B. Cap Ras, gibt es zwischen Portbou und Llançà. Leichter zu erreichen ist der kleine Sandstrand Platja de Grifeu beim gleichnamigen Hotel am nördlichen Ortsausgang.

Cala Montjoi: Nur auf kurvenreicher Straße von Roses aus ist die kleine Bucht mit dem weltbesten Restaurant zu erreichen.

Sant Pere Pescador: Viel Platz zum Baden, Buddeln und Surfen bieten die kilometerlangen Sandstrände am südlichen Golf von Roses.

Empúries: Bei den antiken Ausgrabungen liegen einige wunderschöne unverbaute Buchten mit Schatten spendenden Pinien. Oft rappelvoll.

Begur: Rund um den Ort liegen die schönsten Buchten der Küste – Sa Riera, Sa Tuna, Aiguafreda und Aiguablava – mit türkisblauem Wasser, Pinien und Felsen. Stark frequentiert in der Hochsaison.

Platja del Castell: Feiner Sand, unverbauter Sandstrand nördlich von Sant Feliú de Guíxols. Am schönsten läuft man von Sant Feliu durch den Pinienwald dorthin.

Cala del Senyor Ramón: Naturbelassener FKK-Strand an der Landstraße von Sant Feliú nach Tossa, bei km 35. Wesentlich einsamer und ideal zum Schnorcheln, aber auch schwerer zugänglich ist die etwas nördlicher gelegene Cala Morisca.

Cala Canyelles: Eine der hübschen Buchten zwischen Tossa und Lloret mit Volleyballfeld, Bootsverleih und behindertengerechtem Zugang.

Cala Boadella: Kleine Nacktbadebucht mit goldgelbem Sand südlich von Lloret de Mar. Auch mit dem Dampfer zu erreichen. Nicht ganz so abgelegen ist die benachbarte, etwas größere Cala Fenals.

funktionieren einwandfrei im Euro-Roaming, bei längeren Aufenthalten empfiehlt sich eine spanische Prepaid-Karte.

Internet

In Spanien sind mittlerweile viele öffentliche Einrichtungen wie Flughäfen mit kostenfreiem Internetzugang ausgestattet (*zonas wi-fi*). Inzwischen hat auch ein Großteil der Hotels Internet, doch sollte man sich vergewissern, ob es kostenlos ist oder wie hoch die Gebühren sind.

Umgangsformen

Begrüßung: Freunde und gute Bekannte begrüßen sich mit »¿Hola, qué tal?« bzw. »¿hola, com va?« und Küsschen auf beide Wangen. Ansonsten gibt man sich die Hand und sagt einfach »Hola« oder förmlicher »Bon dia« bzw. »Buenos días«.

In Kirchen und Klöstern: Inzwischen geht es auch hier legerer zu, doch sollten Männerbeine und Frauenschultern möglichst bedeckt sein.

Im Restaurant: Üblicherweise wartet man im Eingangsbereich eines Lokals, bis der Kellner einem einen Tisch zuweist. Dabei kann man natürlich seine Wünsche äußern, doch stürmt man keinesfalls schnurstracks auf den gewählten Platz. Die Rechnung wird normalerweise für den gesamten Tisch ausgestellt. Wenn nicht einer für alle bezahlt, teilen die Katalanen den gesamten Rechnungsbetrag durch die Anzahl der Personen.

Verkehrsmittel

Bus

Die Busverbindung zwischen Barcelona oder Girona und den Küstenorten ist sehr gut, zwischen den Orten untereinander allerdings weniger. Bei kurzen Entfernungen kann man sich mit Taxis behelfen.

Sarfa: Tel. 902 30 20 25, www.sarfa.com. Das Busunternehmen stellt zahlreiche Verbindungen von Barcelona, aber auch von Girona und Figueres aus zu Orten der Costa Brava her. In Barcelona starten sie am Busbahnhof (Estació del Nord, Tel. 932 65 65 08). Eine einfache Fahrt von Barcelona nach Roses kostet ca. 20 €.

Teisa: Tel. 972 20 48 68, www.teisabus.com. Dieses Unternehmen steuert z. B. von Girona oder Figueres aus Orte im Landesinneren an. Eine Fahrt von Figueres nach Olot kostet ca. 3 €.

Barcelona Bus: Tel. 902 13 00 14 und 972 20 24 32, www.sagales.com. Dieses Unternehmen verbindet den Flughafen Girona mit Figueres und verschiedenen Küstenorten. Eine Fahrt kostet ab 9 €.

Bahn

Klimatisierte Nahverkehrs- oder Fernzügen fahren zu größeren Orten und Städten wie Blanes, Girona, Figueres, außerdem Llançà, Colera und Portbou.

Information und Kartenverkauf: An den Schaltern der RENFE-Bahnhöfe, Tel. 902 24 02 02, an der Costa Brava auch Tel. 972 20 70 93. Unter www.renfe.es findet man alle Zugverbindungen und Preise für ganz Spanien.

Preise: Eine Bahnfahrt von Barcelona nach Figueres kostet ca. 20 €, die Rückfahrkarte ist etwas günstiger.

Auto

Falschparker werden binnen kurzer Zeit abgeschleppt. Höchstgeschwindigkeit ist in geschlossenen Ortschaften 50, auf Landstraßen 90, auf Fernstraßen 100, auf Autobahnen 120 km/h. Es besteht Gurtpflicht. Die Promillegrenze für Führerscheinneulinge liegt bei 0,3, sonst bei 0,5.

In Barcelona sollte man ohnehin wegen des dichten Verkehrs und der Parkplatznot besser auf die öffentlichen Verkehrsmittel – U-Bahn (*metro*) und Busse (*autobuses*) oder die recht günstigen Taxis umsteigen.

Verkehrsinformation: Tel. 932 28 50 00/ 902 20 03 20, www.mobilitat.net bzw. www.gencat.net/transit.

Pannenhilfe: ADAC, Tel. 935 08 28 28 und 902 40 45 45, www.adac.de.

Europe Assistance: Tel. 902 15 85 85.

Tanken: Viele Tankstellen (*gasolinera*) sind rund um die Uhr geöffnet. Bleifrei 95 kostet ca. 1,20 €/l, Diesel ca. 1 €/l.

Leihfahrzeuge

Um einen Wagen zu mieten, genügt der nationale Führerschein. Bezahlt wird in der Regel mit der Kreditkarte. Generell empfiehlt es sich, rechtzeitig zu reservieren, vor allem wenn man Extras wie Kindersitz oder einen speziellen Fahrzeugtyp wünscht. In den meisten Fällen wird es günstiger, den Mietwagen in Kombination mit Flug oder Hotelbuchung zu reservieren oder über einen Reiseveranstalter wie TUI (im Reisebüro oder über www.tuicars.de). Häufig lassen sich auch Motorräder und Mountainbikes ausleihen.

Bootstouren

Viele Küstenorte bieten Dampferfahrten an, mit denen man auch zu anderen Orten, z. B. von Lloret nach Tossa de Mar, gelangen kann. Per Viajes Marítimos gelangt man auch zu schwer erreichbaren Punkten wie dem Cap de Creus oder den Medes-Inseln.

Unterwegs an der Costa Brava

Wie Perlen an einer Kette reihen sich die Küstenorte aneinander, wie hier bei Callela de Palafrugell. Mal mit weiten Sandstränden, mal mit engen Felsbuchten, antiken Ausgrabungen oder hippen Avantgarde-Restaurants. Jeder Ort ist anders. Aber allen gemein ist das Mittelmeer. Intensives, von den weißen Tupfen der Boote gesprenkeltes Blau bis zum Horizont.

Nördliche Küste von Llançà bis zum Golf von Roses

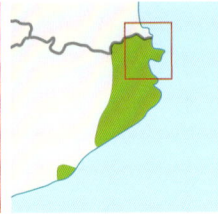

Llançà ▶ F/G 2

Erster größerer Ferienort an der nördlichen Costa Brava ist das über 1000 Jahre alte Llançà (ca. 4000 Einwohner). Zwar sind die großen Zeiten des Wein- und Olivenölhandels lange vorüber. Umso beliebter sind heute jedoch die vom alten Ortskern ca. 1 km entfernten Strände, wo rund um den Hafen das neue Llançà mit seinen Hotels und Restaurants liegt. Vor allem Franzosen wissen die vielen kleinen Buchten in der Umgebung zu schätzen, in denen jeder ein ruhiges Fleckchen findet – und die Feinschmeckerküche, die einige Lokale anzubieten haben. Eine Wanderung auf den Spuren des deutschen Philosophen Walter Benjamin führt vom französischen Banyuls-sur-mer nach Portbou nördlich von Lança, **direkt 1 ▶** S. 31.

Altes Zentrum

Heute zeugen nur noch einige Bauwerke wie die mittelalterliche Kapelle Sant Silvestre de Valleta, der Glockenturm an der Plaça Major oder die Pfarrkirche von der einstigen Bedeutung Llançàs. Eine Art Wahrzeichen des modernen Llançà ist der burgartig wirkende Felsen El Castellar neben dem Yachthafen.

Übernachten

Für Taucher – **Hotel Gri-Mar:** Ctra. de Portbou, Tel. 972 38 06 17, www. hotelgrimar.com, DZ mit Frühstück 75 bis 120 €, HP 55–85 €. Etwas außerhalb an der Straße nach Portbou. Einfache Zimmer. Pluspunkt sind der schöne Garten mit Pool und die Wassersportangebote.

Mit Stil und Persönlichkeit – **Hostal Grifeu:** Ctra. de Portbou, Tel. 972 38 00 50, www.hotelgrifeu.com, April bis Okt., HP 60–98 €. Beste Lage am gleichnamigen Strand, schöne Zimmer, oft mit Meerblick. Besonders bekannt für seine Jazz-Konzerte.

Idyllische Lage – **Camping Garbet:** Platja de Garbet bei Colera, Tel. 972 38 90 01, April–Okt., Auto oder Pers. 5 €. Einfacher einsam gelegener Campingplatz mit schönem Strand und Feinschmeckerrestaurant. Auch Zimmervermietung (DZ 41–50 €).

Essen und Trinken

Spezialist für Meeresfrüchte – **La Vela:** Av. Pau Casals 23, Tel. 972 38 04 75, im Winter Mo geschl., um 40 €. Gehobene katalanische Küche mit großer Auswahl an Fisch, gerne auch mit schwarzem Reis oder in Paella Form.

Für Gourmets – **Miramar:** Passeig Marítim 7, Tel. 972 12 10 08, ca. 80 €. So abends und Mo geschl. Lokal an der Strandpromenade mit Michelin-Stern. Kenner schwärmen von der Blätterteigpastete mit Entenleber, Äpfeln und Trüffeln oder dem Crunch von Anchovis und Roter Bete.

Understatement – **Garbet:** Platja de Garbet, Tel. 972 38 90 02, März–Okt., www.restaurantgarbet.com, ca. 50 €. Wer würde neben einem einsamen Campingplatz eine solche Feinschmeckeradresse vermuten? Hier gibt ▷ S. 34

1 | Walter Benjamins Fluchtweg – Wanderung über die Pyrenäen

Karte: ► F 1 | **Anfahrt:** Mit der Bahn nach Banyuls-sur-Mer oder Portbou

1940 floh der deutsch-jüdische Philosoph Walter Benjamin vor der Gestapo in den spanischen Grenzort Portbou. Nach dem beschwerlichem Weg über die Pyrenäen nahm er sich hier das Leben. An sein Schicksal erinnert nicht nur das Grab auf dem Friedhof, sondern auch das Denkmal des israelischen Künstlers Dani Karavan, eine Ikone der modernen Gedenkkultur. Inzwischen wurde auch die Walter-Benjamin-Route vom südfranzösischen Banyuls nach Portbou ausgeschildert und lädt zur Wanderung durch die Berglandschaft der Alberes ein.

Flucht über die Pyrenäen

Unzählige Verfolgte des Nazi-Regimes flohen über die sogenannte Lister-Route aus dem besetzten Frankreich nach Spanien. Auch der deutsch-jüdische Philosoph Walter Benjamin machte sich 1940 auf diesen Weg. Von Spanien wollte er weiter nach Lissabon fahren, um sich dort nach Amerika einzuschiffen. Seine Begleiterin war die Fluchthelferin Lisa Fittko. In einer kleinen Gruppe stiegen sie vom südfranzösischen Banyuls in das schwer zu kontrollierende Alberes-Gebirge auf, das die Grenze zu Spanien markiert. Was heute für viele eine reizvolle Wanderung ist, bedeutete für den Schriftsteller, der herzkrank und nach Gefangenschaft und französischem Exil erschöpft war, eine ungeheure Strapaze. Obendrein wurden Benjamins Amerikahoffnungen, einmal am Ziel angekommen, gleich wieder zunichte gemacht: Die französische Regierung hatte sich inzwischen verpflichtet, keine Ausreisevisa mehr an Emigranten auszustellen. Ohne die musste er befürchten, von den Spaniern an die Gestapo ausgeliefert zu werden. »In der ausweglosen Lage habe ich keine andere Wahl, als dieser ein Ende zu machen«, heißt es in seinem Abschiedsbrief an Adorno. »In einem kleinen Dorf in den Pyrenäen, in dem mich niemand kennt, wird sich mein Leben vollenden.« Wahrscheinlich starb er in der Nacht vom 26. auf den 27. September 1940 im Hostal de Francia an einer Überdosis Morphium.

Walter Benjamins Spuren in Portbou

Auf dem kleinen Friedhof am südlichen Ortsende von Portbou befindet sich Walter Benjamins Grab. Ganz in der Nähe hat ihm zu Beginn der 1990er-Jahre der israelische Künstler Dani Karavan das sogenannte **»Passagen«-Denkmal 1** gesetzt: einen Tunnel aus rostigem Stahl, in dem eine Treppe zum Meer hinunter führt. Nur eine Glasscheibe trennt die Stufen vom Wasser, das den Tunnel umspült. Die begehbare Skulptur, beeindruckt gerade durch ihre Schlichtheit und zieht inzwischen immer mehr Gäste an – Portbou ist zu einer Benjamin-Pilgerstätte geworden. Künftig soll auch im alten Rathaus ein Walter-Benjamin-Studienzentrum entstehen, doch bislang fehlen dafür die Gelder.

Wandern auf der Walter-Benjamin-Route

Immerhin wurde in den letzten Jahren die rund 12 km lange Route, auf der Walter Benjamin nach Spanien floh, ausgeschildert und lädt zu einer reizvollen, etwa viereinhalbstündigen Wanderung durch die Gebirgslandschaft der Alberes ein. Der Weg beginnt im südfranzösischen **Banyuls-sur-mer 2**, wo Schilder vom Bahnhof aus den Weg weisen (im Zweifelsfall sollte man sich nach dem »Chemin Walter Benjamin« oder im Tourismusbüro erkundigen). Die quirlige Strandpromenade mit ihren Straßencafés lässt man hinter sich und läuft am Flussbett entlang in Richtung Landesinneres. Hinter den Häusern der **Puig-del-Mas-Siedlung 3**, wo auch ein kleiner Parkplatz ist, führt dann der gelb markierte Pfad den Berg hinauf. Erst geht es an üppigen Weinreben vorbei, dann durch immer herbere Felslandschaft.

Übrigens: In La Jonquera, dem Grenzort im Landesinneren an der Autobahn, gibt es ein Exilmuseum, das mit Fotos, Videos und Installationen das Schicksal vieler Flüchtlinge des Bürgerkriegs, des Franco- und des Nazi-Regimes nachzeichnet (Major 43–47, Tel. 972 55 65 33, www.museuexili.cat, Juni–Sept. Di–Sa 10–19, So 10–14, Okt.–Mai Di–Sa 10–18, So 10–14 Uhr).

In Portbou endete das Leben des deutschen Philosophen

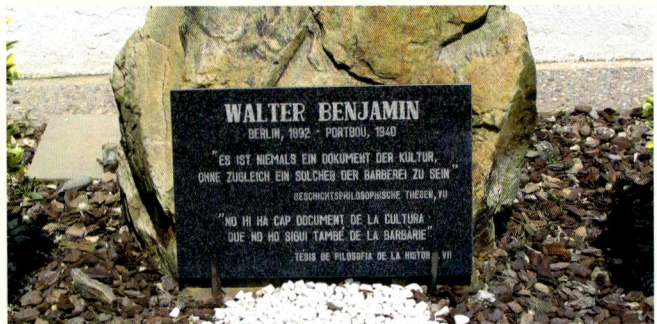

Links und rechts säumt wildes Gestrüpp aus Zistrosen und Rosmarin den steinigen Weg, mal liegen alte Wachtürme, mal kleine romanische Kapellen am Wegesrand. In der Ferne zeichnen sich die blauen Umrisse der Pyrenäengipfel ab, tief unten liegt die zerklüftete Küste. Der Weg steigt bis zum 540 m hohen **Coll de Rumpisa** 4 an, wo sich an der spanischen Grenze ein fantastisches Panorama bietet. Dann geht es relativ steil — zuletzt auf breitem Fahrweg — durch das ausgetrocknete Flussbett von **Portbou** 5 abwärts in Richtung Meer.

Infos

Auskunft zum Wanderweg erteilt die **Touristeninformation von Portbou** 7 an der Strandpromenade, Pg. Lluís Companys 11, Tel. 972 12 51 61, www.portbou.org. Außerdem das **Office de Tourisme** in **Banyuls-sur-mer** 6, Av. de la République 4, Tel. (0033) 468 88 04 91, www. banyuls-sur-mer-com.

Anfahrtsmöglichkeiten ohne PKW

Portbou ist sowohl von Frankreich als auch von Spanien aus gut mit dem Zug zu erreichen. Wer die Wanderung nicht hin und zurück machen möchte, kann von Portbou bzw. Banyuls mehrmals täglich in ca. 30 Minuten mit dem Zug hin- bzw. zurückfahren (Infos unter www.renfe.es).

Tipps

Für die Wanderung braucht man nicht nur gutes Schuhwerk, man sollte auch unbedingt genügend Getränke sowie etwas zu essen mitnehmen, da es unterwegs nichts dergleichen gibt. Im Übrigen bieten sich die Aussichtspunkte unterwegs für ein Picknick an. Wichtig ist auch ausreichender Sonnenschutz.

Gut gebettet

Komfortable Zimmer, gutes Frühstück und kostenfreie Parkplätze hat das **Hotel Comodoro** 1 von Juni bis Sept. zu bieten (Mendez Núñez 1, Tel. 972 39 01 87, 609 47 15 04, www.hotelcomo doroportbou.com, DZ ohne Frühstück ab 120 €). Ganzjährig geöffnet ist das etwas schlichtere **Hotel Masía** 2 unweit der Strandpromenade. Die Zimmer sind solide ausgestattet, auf Design-Schick hat man verzichtet (La Sardana 1, Tel. 972 39 03 72, DZ ohne Frühstück ab 70 €). Essen kann man im dazugehörigen **Restaurant Espanya** 1 mit seiner riesigen Terrasse.

Badefreuden

Auch wenn Portbou kein mondänes Strandleben hat – an der Kiesbucht weht die blaue Flagge der EU, die sauberstes Wasser garantiert. Im Übrigen ist es hier auch im Hochsommer selten richtig voll. Vom Strand aus führt ein Küstenweg zu hübschen kleineren Badebuchten.

es Delikatessen wie Spargel- und Artischockensalat oder Zwiebelmarmelade. Auch die köstlichen Fischgerichte und Desserts sind einen Abstecher wert.

Einkaufen
Auf dem Markt am Mittwoch findet man alles außer Fisch.

Aktiv und Kreativ
Strände: Neben den Hauptstränden von Llançà findet man an der Straße nach El Port de la Selva bzw. nach Colera reizvolle Buchten wie die Platja de Gifreu, Platja Cau de Llop oder La Farella. Besonders einsam sind die unverbauten Calas weiter nördlich zwischen Colera und um Portbou herum.

Yachthafen: Club Naútic, Tel. 972 38 07 10, www.cnllanca.cat, 497 Liegeplätze.

Tauchen: C. I. Cap de Creus: Martínez Lozano 9, Tel. 972 12 00 00, www. cicapcreus.com. Ganzjährig geöffnete Tauchstation.

Surfen: Av. Mestral 34, Tel. 685 19 81 93, www.windiscovery.com, Surfschule mit Materialverleih.

Infos und Termine
Oficina de Turisme: Camprodon 16

bis 18, Tel. 972 38 08 55, www.llanca. cat.

Schiffe: Am Strand neben dem Hafen starten die Ausflugsboote des Unternehmens Cap de Creus in Richtung des gleichnamigen Kaps.

Ziele in der Umgebung
Naturpark L'Albera: Llançà ist ein guter Ausgangspunkt für Ausflüge und Wanderungen im Naturpark Serra de L'Albera im Landesinneren. Dort wird nicht nur Wein angebaut (**direkt 2** S. 35), es gibt auch allerlei Monumente aus prähistorischer Zeit. Einer der Menhire bei Vilamaniscle ist sogar 3,5 m hoch und 2,6 t schwer.

Nicht weit von ihnen entfernt stehen die Klosterruinen von **Sant Quirze de Colera**. Bereits im 10. Jh. erbaut, wurde das Kloster mehrmals erweitert, später aber dem Zerfall überlassen. Zurzeit wird es restauriert. Die Touristeninformation hält Info-Material bereit.

Port de la Selva ▶ G 2

Bei diesem Ort mit seinen ca. 800 Einwohnern ist das Adjektiv ›malerisch‹ noch angebracht. Abge-   ▷ S. 38

Von Banyuls-sur-mer bis Blanes findet man traditionelle Fischerboote in den Häfen

Karte: ▶ D–G 2/3

Seit mehr als 2000 Jahren wird im Hinterland der nördlichen Costa Brava, dem Empordá (Ampurien), Wein angebaut. Nachdem im 20. Jh. vorwiegend einfache Weine gekeltert wurden, ist hier heute eine junge Generation von Winzern am Werk, die auf Qualität und Charakter setzt. Noch von vielen unbeachtet entstehen in ihren Bodegas Spitzenerzeugnisse, die selbst in Spanien als Geheimtipp gehandelt werden.

Geschichte

Schon die Griechen brachten Rebstöcke mit. Im Mittelalter setzten dann die Klöster von Sant Pere de Roda und Sant Quirze de Colera den Anbau fort, legten in mühsamer Kleinarbeit an den Berghängen Terrassen an und kelterten aus den Trauben Wein. Der schwunghafte Handel gab zeitweise sogar Seefahrt und Schiffbau in der Gegend Auftrieb – bis um 1880 herum die Reblaus alles zunichte machte. Erst im 20. Jh. wurde wieder Wein angebaut, für den 1975 die Herkunftsbezeichnung *Denominació d'origen Empordá-Costa Brava* eingeführt wurde. Nachdem lange Zeit Kooperativen preiswerte Tischweine herstellten, hat jetzt im Zuge des Generationswechsels eine beachtliche Professionalisierung eingesetzt. Mitunter sind Weine zu finden, die Preise bis zu 100 € erzielen.

Die Tramuntana, der große Verbündete

Unter der Herkunftsbezeichnung Empordà-Costa Brava werden sowohl spritzige Weiß- und Roséweine als auch vollmundige Rote und Schaumweine hergestellt,

35

außerdem süßer Moscatell und Ví ranci mit einer leichten Sherry-Note. Aufgrund der geografischen Gegebenheiten werden vor allem die Rebsorten Carinyena und Garnatxa angebaut. Einzigartig in ganz Spanien ist das Zusammentreffen von intensiver Sonneneinstrahlung, dem Mittelmeer, das für milde Temperaturen sorgt, und der großen Vielfalt an Böden – von schwarzem Schiefer über Granit bis hin zu Lehm und Sand. Wichtigster Verbündeter der Weinbauern ist jedoch die Tramuntana, der kalte Nordwind, der mit Geschwindigkeiten von bis zu 120 km/h über die nördliche Küste hinwegfegt. Er tilgt jegliche Feuchtigkeit, sodass sich an den Reben weder Pilze noch sonstige Krankheitskeime ausbreiten können.

Peralada – das Herz des Weinanbaugebiets

Motor der Qualitätsoffensive war die **Schlosskellerei von Peralada** im gleichnamigen mittelalterlichen Dorf. Gleich gegenüber vom Schloss lädt sie zur Degustation, bei vorheriger Anmeldung auch zu Führungen durch Kellerei und Weinberge ein. Mit einem Jahresvolumen von 10 Mio. Flaschen und potenten Geldgebern wie der Adelsfamilie Suqué-Mateu konnte sie es sich leisten, bestausgebildete Önologen einzustellen. Während beliebte – und durchaus empfehlenswerte Massenprodukte – wie der leicht moussierende, weiße »Blanc Pescador« – für Umsatz sorgen, werden auch erlesene Produkte wie der »Finca Garbet 2006« gekeltert, dessen Trauben ausschließlich auf harten Granitböden in unmittelbarer Küstennähe reifen. Im Übrigen entstehen hier auch hervorragende Cavas nach der Champagner-Methode.

Junge Winzer in Mollet und Sant Climent

Ganz andere Weine gibt es bei der kleinen **Bodega La Vinyeta** in Mollet de Peralada an der Straße von Mollet nach Masarac. Erst vor wenigen Jahren hat sich der junge Önologe Josep Serra in dem puristisch designten Gebäude niedergelassen, um Rotweine wie den bereits mit Preisen ausgezeichneten »Puntiapart 06« herzustellen. Neben dem weißen »Heus« gehört der süße »Sols« zu seinen Spezialitäten. Ein Stück weiter, in Sant Climent de Sescebes, haben sich wiederum der französische Notar Marc Bournazeau und seine Frau Emma mit den Weinen ihres **Celler Terra Remota** hervorgetan. Auf einem Teil ihres ca. 40 ha großen Geländes bauen sie Garnatxa und Tempranillo, auf einem anderen Cabernet Sauvignon, Syrah und Chardonnay an, um aus unterschiedlichen Mischungen den roten »Camino«, den weißen »Caminante« und den Rosé »Caminito« zu keltern. Star-Produkt ist der im Eichenfass gereifte »Clos Adrien 2006«.

Weindorf Capmany

In Capmany, das nahe der Autobahn liegt, lässt sich gleich ein halbes Dutzend Kellereien finden, vom 125 Jahre alten Familienunternehmen **Marià Pagès** über die winzigen Cellers Santamaria bis zur sehr viel größeren **Bodega Pere Guardiola**. Den Besuch lohnt vor allem der **Celler Oliver Conti**, wo sich in den letzten Jahren die Brüder Xavier und Jordi Oliver Conti mit ihren hochpreisigen Qualitätsweinen aus den Rebsorten Cabernet Sauvignon, Merlot, Gewürztraminer und Sauvignon blanc profiliert haben. Während der weiße »Oliver Conti 2003« mit einer gehörigen Portion Gewürztraminer eher frisch und mild ausfällt, hat der rote »Treyu 2007« durch die mineralischen Steinböden eine eher kräftige Note. Auf besonders lange Erfahrung blickt die **Kellerei Oliveda** zurück, die seit 1948 Weine und Schaumweine herstellt. Inzwischen wurden neben Garnatxa und Carinyena die Reb-sorten Merlot und Chardonnay einge-führt. Spitzenprodukte sind neben dem in französischer Eiche gereiften Reserva »Furot« der kirschrote, aus Pinot Noir-Trauben hergestellte Cava »Gran Rigau« oder der weiße »Gran Rigau Brut Na-ture«. Nicht versäumen sollte man den Besuch im dazugehörigen Weinmuseum mit Zigtausenden von Zapfhähnen.

Bioweine von der Küste

Eine der exotischsten Bodegas der Ge-gend, das **Mas Estela**, lässt sich hoch über dem Dörfchen Selva de Mar bei Port de la Selva entdecken, wo die Familie So-to-Dalmau seit 20 Jahren Weiß-, Rot- und Süßweine herstellt. Viele der jährlich rund 30 000 produzierten Flaschen wer-den sogar nach Deutschland exportiert. Dass sie einmal so viel Erfolg haben wür-den, war anfangs nicht vorauszusehen. Nur ein Dickkopf wie Diego Soto Oliva-res, so hieß es, könne seine Existenz als Architekt in Frankreich aufgeben, um sich als einziger Winzer weit und breit dem ökologischen Weinbau mit den ein-heimischen Rebsorten Garnatxa und Ca-rinyena zu verschreiben. Doch ob der ro-te Crianza »Quindals 2006« oder der Reserva »Selva de Mar« von 2004 – je-des Mal entstehen potente Tropfen mit rund 15 % Alkohol und unverwechselbar fruchtigem Aroma.

Die Bodegas

Caves Castell de Peralda 1 , Perala-da, Tel. 972 53 80 11, www.castillo peralada.com, Führungen durch das Schloss, die Kellerei und die Weinberge auf Anfrage. **Celler Oliveda** 2 , Santa Lúcia 15, Capmany, Tel. 972 54 90 11, www.grupoliveda.com. **Celler Oliver Conti** 3 , Puignau, Capmany, Tel. 972 19 31 61, www.oliverconti.com. **Mas Estela** 4 , Mas Estela, Selva de Mar, Tel. 972 12 61 76, www.masestela.com. **La Vinyeta** 5 , Carretera de Mollet a Ma-sarac, Mollet de Peralda, Tel. 647 74 88 09, www.lavinyeta.es, Sa 10–13 und 16–19, So und Fei 10–13 Uhr. **Terra Remota** 6 , Els Tallats, an der Landstra-ße nach Capmany km 8, Sant Climent de Sescebes, Tel. 972 19 37 27, www. terraremota.com. Die großen Bodegas sind meist Di–Sa geöffnet, kleinere vor allem am Wochenende und auf Anfrage. Eine Liste mit allen Bodegas ist unter www.doemporda.com zu finden.

Für den Hunger zwischendurch

Nichts ist authentischer, als auf der Ter-rasse der riesigen **Bar Obra Social** 1 (Tel. 972 53 80 11, tgl. von 9–24 Uhr) gleich neben der Schlosskellerei von Peralada den spritzigen – und überaus preiswerten – Cava zu verkosten und sich mit riesigen, mit Käse, Anchovis, Schinken oder Tortilla belegten Sand-wichs aus *Pa amb tomàquet* zu stärken.

Gut gebettet

Wer im **Golf Hotel Peralada** 1 mit seinem gutem Restaurant absteigt, kann nicht nur vor der Haustür Golf spielen, sondern dank des Wine Spas auch im Rebensaft baden (Rocabertí, Tel. 972 53 88 30, www.slh.com/pera ladawine, DZ mit Frühstück ab 130 €).

Tipp

Das Gourmet-Hotel **Empordà** 2 bei Figueres (Av. Salvador Dalí 170, www. hotelemporda.com, EZ ab 90, DZ ab 110, Frühstück 13 €) bietet Aufenthalte mit Kellerei-Besichtigungen und Wein-proben an. Eine Übernachtung mit Halbpension und Wein-Programm kos-tet für 1 Pers. ca. 150, für 2 Pers. ca. 250 €. Gute Feinschmecker-Menüs wer-den bereits ab 40 € angeboten.

sehen von wenigen hässlichen Lokalen am Wasser wurde hier relativ dezent gebaut. Bis heute spielt der Fischfang eine wichtige Rolle – nachmittags kann man zusehen, wie das Fanggut von den großen Schiffen an Land gebracht wird und anschließend die Netze zum Trocknen ausgebreitet werden.

Nicht nur bei katalanischen und französischen Familien ist der Ort beliebt, auch Surfer kommen bei starkem Wind auf ihre Kosten. Hauptattraktionen sind das Kloster Sant Pere de Rodes (s. S. 39) und der Naturpark Cap de Creus (s. S. 42).

Selva de Mar

Empfehlenswert ist ein Spaziergang zum verträumten Ortsteil Selva de Mar, der direkt unter dem mächtigen Kloster Sant Pere de Rodes (**direkt 3** S. 39) liegt. Rund um die hübsche Plaça lassen sich einige nette Lokale finden. Gediegene katalanische Küche, auch auf der Terrasse, bietet z. B. die Fonda Felip (Plaça Camp de l'Obra, Selva de Mar, Tel. 972 38 72 71, ca. 20–30 €). Hoch über dem Ort verstecken sich außerdem die Weinberge mit der Kellerei Mas Estela.

Übernachten

Familiäre Atmosphäre – **Hostal La Tina:** Major 15, Tel. 972 38 71 49, DZ ab 80, AP für 2–6 Pers. 80–214, HP 65, VP ab 70 €. Freundliche Zimmer und Apartments auch für größere Familien oder Gruppen.

Großzügiger Spa – **Hotel Cap de Creus:** Illa 10, Tel. 972 38 81 07, www.hotelcapdecreus.com, DZ mit Frühstück 100–180 €. 20 Komfortzimmer, z. T. mit Meerblick und Jacuzzi. Großes Angebot an Massagen und Physiotherapie. Zwei Restaurants, Fahrradverleih und Kajakausflüge.

Im Grünen – **Camping Port de la**

Selva: Carretera de Cadaqués, Tel. 972 38 72 87, www.campingselva.com, Zelt 5–8, Auto oder Pers. 8 €. Idyllische Lage abseits vom Ortszentrum. Mit Schwimmbad, Kinderspielplatz, Supermarkt.

Essen und Trinken

Solide Menüs – **La Tina:** Major 15, Tel. 972 38 71 49, ca. 15 €. In rustikal angehauchtem Speisesaal wird klassische katalanische Küche serviert.

Gehobene Marktküche – **Ca L'Herminda:** L'Illa 7, Tel. 972 38 70 75, Essen um 40 €. Besser kann man in Port de la Selva nicht essen! Reis mit Languste, Rotbarben mit Basilikum, gute Weine zu (allerdings) gehobenen Preisen.

Einkaufen

Markttag ist Fr. Wer den einzigen Ökowein der Gegend erwerben will, wird in der Mas Estela in Selva de Mar fündig.

Aktiv und Kreativ

Schöner als der Hauptstrand sind die Buchten hinter den letzten Häusern Richtung Cap de Creus, in die Cala Tamariua.

Yachthafen: www.cnps.es, 328 Liegeplätze.

Tauchen: Centre d'Immersió, Platja 9, www.cips-dive.com.

Am Strand: Tauchkurse, Ausrüstung, Ausflüge zum Cap de Creus.

Surfen: Material wird im Sommer am Hauptstrand ausgeliehen.

Infos und Termine

Oficina de Turisme: Mar 1, 17489 Port de la Selva, Tel. 972 38 70 25, www.ddgi.es/porselva.

Die *festa major* von Port de la Selva findet am 5. August statt, der Ortsteil Selva de Mar feiert um den 17. Januar.

▷ S. 41

3 | Höhenflüge romanischer Baukunst – Sant Pere de Rodes

Karte: ▶ G 2

Schon allein der Blick lohnt den Besuch: In schwindelnder Höhe, 520 m über der Bucht von Port de la Selva, erhebt sich das mächtige Benediktinerkloster an den Hängen der Steilküste und bietet ein atemberaubendes Panorama vom Cap de Creus bis zur französischen Grenze. Im 11. und 12. Jh. entstanden, gehört die restaurierte Ruine zu den bedeutendsten romanischen Bauwerken Spaniens.

Geschichte

Die Ursprünge von Sant Pere de Rodes verlieren sich im tiefen Mittelalter. Schon im 6. Jh. soll hier ein spätantikes Gebäude existiert haben, bevor im 9. Jh. ein erstes Kloster entstand. Die Glanzzeit von Sant Pere de Rodes begann im 10. Jh., als ihm der Adlige Tassi und der Graf Gausfred von Ampurias große Ländereien schenkten. Nach und nach wurde es zu einem der bedeutendsten geistlichen und politischen Zentren seiner Zeit. Aus der Hand des Meisters Cabestany entstanden Werke wie das kunstvolle Marmorportal für die Vorhalle. Gleichzeitig wurde intensiver Weinanbau betrieben – bis Kriege, Epidemien, politische Umbrüche und Sittenverfall den Niedergang einleiteten. 1835 aufgelöst und zunehmend verfallen, wurde das Kloster 1930 zum Nationaldenkmal erklärt und erstmalig restauriert. Eine umfassende Sanierung erfolgte in den 1990er-Jahren.

Romanische Kirche und oberer Kreuzgang

Vom Eingang gelangt man durch das dreigeschossige Wirtschaftsgebäude zur Kirche. Vom kunstvollen Marmorportal des Meisters Cabestany sind nur zwei kleine Fragmente übriggeblieben. Dafür wird man sogleich vom ein

Übrigens: Im Juli und August findet im Kloster das Musikfestival Sant Pere de Rodes mit Konzerten klassischer Musik statt. Dabei werden auch junge Interpreten in einem eigenen Zyklus gefördert.

drucksvollen Innenraum aus dem 10. und 11. Jh. eingenommen: Mächtige Säulen mit antikisierenden Kapitellen tragen das 16 m hohe Tonnengewölbe des Hauptschiffs. Den Chor bilden drei Apsiden mit Chorumgang, darunter liegt die Krypta, wo sich einst Reliquien befanden. Auf der gegenüberliegenden Seite ist auch der untere der beiden Kreuzgänge zu finden. Einst umfasste er vier Galerien mit Säulengängen, doch als das Kloster im 12. Jh. zu Wohlstand gekommen war, wurde er zugeschüttet, um darüber den oberen Kreuzgang zu errichten. Auch wenn nicht alles original ist, bildet er mit seinen schönen Kapitellen das Herzstück des Klosters. An der Ostseite zweigt der Kapitelsaal ab, an der Südseite das Refektorium mit Spitzbogengewölbe, wo die Mönche aßen. Auch eine Vorratskammer mit Kühlkeller ist erhalten geblieben.

Die Wahrzeichen: Wehr- und Glockenturm

Westlich des Kreuzgangs befindet sich der eigentliche Eingangsbereich mit Tor aus dem 12. Jh. und einem Vorplatz. Ein Aussichtspunkt gibt den Blick auf den 27 m hohen Wehrturm aus dem 12. und 13. Jh. frei, der den Mönchen bei Plünderungen Zuflucht bot, und auf den eleganten, dreigeschossigen Glockenturm. Charakteristisch neben den Rundbogenfenstern sind die kunstvoll im lombardischen Stil verzierten oberen Geschosse. Weiter geht es zum oberen Chorumgang, zur kleinen Sankt-Michaels-Kapelle und den zinnengekrönten Sakristeien. Außerhalb des Kloster entstand im 15. und 16. Jh. noch ein eigener Abtspalast, in dem die Äbte residierten. Hier wurden 1989 bei Ausgrabungen 658 Gold- und Silbermünzen gefunden, die – ebenso wie viele Gebäudeteile – von Plünderern und sonstigen Unbilden nicht vereinnahmt wurden.

Infos
Das **Monestir de Sant Pere de Rodes** ist entweder von El Port de la Selva aus auf dem Camí del Monestir oder von Vilajuïga aus zu erreichen (Tel. 972 38 75 59, www.mhcat.net, Oktober–Mai Di–So und Fei 10–17.30, Juni–September Di–So und Fei 10–20 Uhr).

Für den Hunger zwischendurch
Mit wunderbarem Ausblick auf die Küste kann man auf der Terrasse des Restaurant des Klosters essen. Neben dem Spezialmenü Sant Pere de Rodes für 30 € werden wechselnde Tagesmenüs für ca. 14 € angeboten.

Tipp
Vom Kloster aus kann man in ca. 20 Min. auf einem schmalen Pfad weiter hochsteigen zu den **Ruinen des Castell Sant Salvador**. Vom Bergkamm des Verdera-Gebirges gewährt es eine fantastische Sicht auf die Ebene des Alt Empordà.
Eine weitere sehenswerte Klosterruine ganz in der Nähe von Sant Pere de Rodes ist **Sant Quirze de Colera**, das ein Stück weiter bei Rabós im Gebiet der Alberes liegt (s. S. 34). Von der Benediktinerabtei in romanischem Stil sind heute noch die Kirche und Teile des Kreuzgangs sowie weiterer Gebäude zu sehen.

Cadaqués ▸ H 3

In früheren Jahrzehnten von Malern und Schriftstellern – darunter Paul Éluard, Picasso, Santiago Rusiñol, Utrillo und vor allem Salvador Dalí – entdeckt, hat sich Cadaqués mit seinen rund 2500 Einwohnern bis heute etwas vom Flair eines Künstlerdorfs bewahrt. Zwar wurde um die weiße Bucht mit den Jugendstilhäusern herum mittlerweile viel gebaut und aufgrund der gestiegenen Preise verkehrt hier nicht mehr gerade die kreative Avantgarde. Aber mehrere Galerien und luxuriöse Boutiquen ziehen immer noch ein besonderes Völkchen an, dem das Mondäne anderer Küstenorte gänzlich fremd ist. Besonderes Naturschauspiel ist das Cap de Creus, das ca. 10 km vom Ortszentrum entfernt die östlichste Spitze Spaniens markiert (**direkt 4 ▸** S. 42). Außerdem pilgern Dalí-Fans zu dessen Wohnstätte an der Bucht von Portlligat.

Pfarrkirche Santa Maria
Über der Bucht erhebt sich das Wahrzeichen des Orts, die mächtige Pfarrkirche aus dem 16./17. Jh. Ihren Barockaltar kann man u. a. beim alljährlich stattfindenden Musikfestival bewundern.

Museu de Cadaqués
Narcís Monturiol 15, Tel. 972 25 88 77, Winter Mo/Di, Do–Sa 10–13.30, 15.30–18, Mi 10–15 Uhr, April– Juni Mo–Sa 10.30–13.30, 16–19, Juni–Mitte Sept. Do–Di 10–20, Mi 10–13, 15–20 Uhr
Auch Dalí und Picasso sind im städtischen Kunstmuseum vertreten, wenn auch nicht unbedingt mit ihren Meisterwerken. Außerdem werden regelmäßig Ausstellungen lokaler und internationaler Künstler veranstaltet.

Casa-Museu Salvador Dalí Portlligat
(s. S. 44)

Übernachten
Charmante Oase – **Hotel Blaumar:** Massa d'Or 21, Tel. 972 15 90 20, www.hotelblaumar.com, Ostern–Nov., DZ 79–114, Frühstück ▷ S. 45

Beliebter Treffpunkt: Die Bar Nord-Est in Cadaqués

Karte: ▶ H 2 | **Anfahrt:** in der Saison mit dem Cadaqués Express, das ganze Jahr über mit Taxi und eigenem PKW

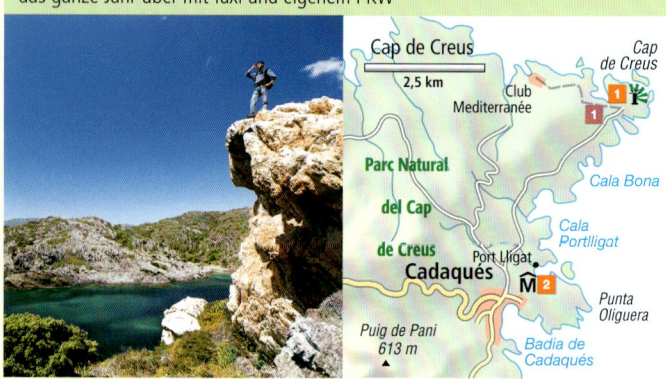

Kein Zufall, dass hier 1971 die Jules-Verne-Verfilmung »Das Licht am Ende der Welt« gedreht wurde: Eine bessere Kulisse kann es für sie nicht geben als die zerklüfteten Felsen am Cap de Creus. Hier, an der östlichsten Spitze der Iberischen Halbinsel, enden die Pyrenäen in einer vom Wind umtosten Mondlandschaft. Ein hochdramatisches Naturschauspiel, das Dalí treffend »grandioses, geologisches Delirium« nannte – und als Inspirationsquelle nutzte, während er in der Bucht von Portlligat arbeitete. Heute beeindruckt es indessen Wanderer, Badegäste und Taucher.

Der Weg zum Cap

Eigentlich umfasst der Naturpark Cap de Creus das ganze Gebiet der Halbinsel zwischen Llancà und Roses. Doch die Kernzone befindet sich rund um Cadaqués. Von hier aus ist auch das Cap auf kurvenreicher, ca. 8 km langer Landstraße zu erreichen. Alternativ dazu kann man auf dem sehr viel längeren Camí de Ronda der sich an unzähligen Buchten entlangschlängelt zum **Leuchtturm** 1 wandern. Am Cap selbst genießt das Bar-Restaurant Cap de Creus mit seiner Aussichtsterrasse eine Art Kultstatus – hier versammeln sich katalanische Familien, Alt-Hippies und Touristen sowie Persönlichkeiten aus aller Herren Länder, um mitzuerleben, wie die Sonne über Meer und Felsen untergeht.

Erkennungszeichen ist die Tramuntana

Die bizarren Felsformationen des Caps haben sich in mehr als 450 Mio. Jahren durch Faltenbildungen sowie Erosion durch Wind und Wasser herausgebildet. An ihnen lassen sich verschiedenste geologische Phasen vom Paläolithikum bis heute verfolgen. Zudem sind die verschiedensten Gesteinsarten von Kalkstein und Granit über Schiefer bis zu Feldspat und Quarz vertreten. Im Bereich des Cap Norfeu wurde sogar eine leichte Vulkantätigkeit vor 10 Mio. Jahren nachgewiesen. Im Übrigen lassen sich allerlei Überbleibsel des Neolithikums wie Dolmen und Menhiren finden. Die exponierte Lage im Meer sorgt nicht nur dafür, dass sauberstes Wasser die Felsbuchten umspült. Durch sie ist das Gebiet auch der Tramuntana, dem kalten Nordwind ausgeliefert, der regelmäßig mit Spitzengeschwindigkeiten von bis zu 120 km/h über die Küste hinwegfegt.

Flora und Fauna

Auf den kargen Felsen gedeiht robustes, mediterranes Buschwerk. Zistrosen und Rosmarinsträucher wechseln sich ab mit Strandflieder und Baum-Wolfsmilch – aufgrund des starken Windes nehmen sie mitunter skurrile Formen an. Doch

Übrigens: Tradition in Cadaqués und den umliegenden Gemeinden ist es, das neue Jahr bei Sonnenaufgang am Cap de Creus zu begrüßen.

nicht nur die Flora ist bemerkenswert. In dieser Gegend fühlen sich neben Möwen auch seltene Vogelarten wohl – je nach Jahreszeit lassen sich Habichtsadler, Fahlsegler oder Schlangenadler beobachten. Ab Ende März fliegen die Transsahara-Zugvögel ein, später treffen Rötelfalken ein, im Mai und Juni werden z. T. ganze Schwärme von Balearen-Sturmtauchern gesichtet. Außerdem nisten hier Felsen- und Rötelschwalben, bevor von Juli bis September Zwergadler, Schwarzmilane und Sperlingsvögel ihre Runden drehen. Taucher schwärmen indessen von der reichen Unterwasserwelt – mit etwas Glück können sie

Von bizarr bis skurril – die Felsformationen am Cap de Creus

Braune Zackenbarsche, Polypen, Purpurseesterne, Rote Gorgonien und Meeraale beobachten.

Dalís Inspirationsquelle

Das Cap de Creus war – und ist – Inspirationsquelle für viele Künstler, vor allem aber für Salvador Dalí. Nicht nur für den »Großen Masturbator« hat die bizarre Landschaft Modell gestanden. Das »grandiose geologische Delirium« begeisterte Dalí so sehr, dass er sich mit seiner Frau Gala an der nahe gelegenen Bucht von Portlligat niederließ. Seine Residenz besteht aus mehreren Fischerhäuschen, die er zu einer Art Gesamtkunstwerk zusammenfügte. Erkennungszeichen sind weiße Eier sowie silbern eingefärbte aneinandergeschmiegte Köpfe, die auf den Dächern zwischen Eu-

kalyptus- und Pinienbäumen hindurchscheinen.

Gruppen á zehn Besucher können in zehnminütigen Abständen die Casa-Museu Salvador Dalí besichtigen. Atelier, Schlafzimmer und Wohnräume tragen unverkennbar die Handschrift des Surrealisten. Hier ein ausgestopfter, mit Halsketten behängter Bär, dort ein Glastisch, über den eine metallene Riesenschnecke kriecht, im Garten lädt wiederum neben dem phallusförmigen Pool ein mit Werbetafeln für Autoreifen eingerahmter, knallrosa Kussmund zum Sitzen ein. Ob die Zusammenstellung ein Geniestreich oder eher origineller Kitsch ist, bleibt dem Urteil jedes Besuchers selbst überlassen. Der Blick auf die karge Felslandschaft an der Bucht ist allemal beeindruckend.

Infos

Im **Leuchtturm** **1** am **Cap de Creus** gibt es ein kleines Ausstellungs- und **Informationszentrum**. Das eigentliche Informationszentrum des Parc Natural Cap de Creus befindet sich im Kloster Sant Pere de Rodes, Tel. 972 19 31 91, www.parcsdecatalunya.net, Juni–Sept. tgl. 10–14 und 16–19 Uhr, Okt.–Mai nur Mo–Sa. Es organisiert auch Führungen und Wanderungen. Wer kein Auto hat oder wandern möchte, kann in der Saison auch mit dem Cadaqués Express dorthinfahren.

Für den Hunger zwischendurch

Wer weiß, wie lange es das sympathische **Restaurant Cap de Creus** **1** noch gibt – nachdem bereits der alte Club Mediterranée am Cap abgerissen wurde, muss es vielleicht demnächst ebenfalls dem Naturpark weichen. Ein Grund mehr, hier beizeiten eins der guten Currys zu probieren oder einfach einen kühlen Rosé zu trinken!

Casa-Museu Salvador Dalí

Die **Casa-Museu Salvador Dalí** **2** an der Bucht von Portlligat (von Cadaqués zu erreichen über die Carretera de Portlligat, die am Ortsausgang an der Straße zum Cap rechts abzweigt), Tel. 972 25 10 15, www.salvador-dali.org, Mitte Juni–Mitte Sept. 9.30–21, 10. Feb. bis Mitte Juni und Mitte Sept.–Anfang Jan. 10.30–18 Uhr. Es empfiehlt sich eine vorherige Reservierung, da immer nur 10 Besucher an den alle 10 Min. startenden ca. 40-minütigen Rundgängen teilnehmen können.

Achtung

Die Tramuntana, der starke Nordwind, kann nicht nur für Wassersportler lebensgefährlich werden. Auch von der Felsküste können Leichtsinnige hinuntergeweht werden. Außerdem kann man sich leicht an den schroffen Felsen verletzen. Deshalb sollten nicht nur Wanderer auf gutes Schuhwerk achten.

Nach dem Museumsbesuch ein Muss – Erholungspause in Figueres

8–12 €. Das gepflegte Haus versteckt sich hinter der Bucht Es Pianc. Hier findet man auch im Hochsommer Ruhe. Garten mit Schwimmbad, auch Drei- und Vierbettzimmer mit Klimaanlage und Fernseher.

Mit großem Pool – **Hotel Calina:** Platja de Portlligat, Tel. 972 25 88 51, www.hotelcalina.com, DZ 79–155, Frühstück 9,50 €. Das Bestechende an diesem Hotel im Ortsteil Portlligat ist die große Gartenterrasse. Neben einfachen Zimmern kann man auch Apartments mieten.

Essen und Trinken

Romantisch – **Casa Nun:** Pg., Tel. 972 25 88 56, 20–35 €. Am Rand des Hauptplatzes versteckt sich das hübsche Lokal mit seinen schönen Kacheln. Empfehlenswerte Fisch- und Fleischgerichte, gute hausgemachte Desserts.

Beste Fischgerichte – **Can Tito:** Carrer Vigilant s/n, Tel. 972 25 90 70, ca. 35 €. Unter schönen alten Gewölben werden Spezialitäten wie schwarzer Reis oder Escalivada-Auflauf serviert. Auch die selbstgemachten sündigen Desserts sind es wert, probiert zu werden. Im Hochsommer unbedingt reservieren!

Einkaufen

Wochenmarkt ist Mo. An der Uferpromenade gibt es allerlei schöne Boutiquen mit Mode und Antiquitäten. Kunstfreunde können sich in den neun Galerien umsehen.

Abends und Nachts

In der Straße Miquel Rosset reiht sich ein Lokal an das andere – vom exotisch angehauchten Café Tropical bis zum Shadows, indem im Sommer Live-Musik gespielt wird. Wesentlich romantischer ist das Café de la Habana, Doctor Bartomeus 2, wo zu späterer Stunde El Nano seine wunderbar nostalgischen Lieder zur Gitarre singt.

Unprätentiös – **Brown Sugar**: Vigilant, keine Tel. Sympathische kleine Bar, in der es auch tagsüber herrliche Fruchtcocktails gibt.

Sport und Aktivitäten

Einen richtigen Sandstrand hat Cadaqués nicht und die kleinen Buchten in der Umgebung sind eher steinig. Die schönsten, z. B. die Cala Nans am südlichen Leuchtturm, erreicht man zu Fuß oder mit dem Boot.

Surfen und Segeln: Ones, Platja Gran (Hauptstrand), Tel. 618 77 40 31. Auch Kurse für Kinder, außerdem Verleih von Kajaks.

Motorboote: Cadaqués Rentals, Portdoguer, Tel. 972 15 90 34; Bikes & Boats Cadaqués; Es Poal, Tel. 972 25 80 27.

Tauchen: Diving Center Cadaqués, Platja d'es Poal, Tel. 652 31 77 97; Tauchbasis Ulla + Paul, Punta de s'Oliguera, Tel. 972 25 89 80, www.ullaundpaul.de; Sotamar Diving Center: Avinguda Caritat Serinyana 17, Tel. 972 25 88 76. Ausrüstung, Kurse, organisierte Tauchgänge.

Infos und Termine

Oficina de Turisme: Cotxe 2 A, 17488 Cadaqués, Tel. 972 25 83 15, www.visitcadaques.org.

Schifffahrten: Creuers Cadaqués, Tel. 972 15 94 62. Am Hauptstrand (Platja Gran) starten die Dampfer zum Cap de Creus und nach Portlligat.

Barca Gala: Portlligat, Tel. 617 46 57 57. Am Dalí-Museum werden Ausflüge mit einem kleinen Motorboot angeboten.

Bimmelbus: Tren Turístic Cadaqués Expres, Hauptplatz, Tel. 972 25 66 25,. Mit dem offenen Bus geht es mehrmals tgl. nach Portlligat und zum Cap. Am **20. Januar** pilgert bzw. fährt das halbe Dorf zur Einsiedelei von Sant Sebastià hinauf, um der traditionellen Messe und einem Picknick beizuwohnen. Am **16. Juli** wird zu Ehren der Verge del Carme, der Schutzheiligen der Fischer, eine Prozession auf dem Wasser veranstaltet. Am **1. Septemberwochenende** findet die traditionelle Lateinsegel-Regatta (*lla-*

guts) statt. Außerdem spielen im Sommer regelmäßig Sardana-Orchester auf dem Passeig zum Tanz auf. Die *festa major* folgt vom **7.–11. September** Höhepunkt im Juli und August ist das internationale Musikfestival.

Figueres ▶ E 3

In den Außenbezirken nach allen Himmelsrichtungen ausgefranst, umweht das Zentrum der Hauptstadt des Alt Empordà mit ihren ca. 45 000 Einwohnern ein Hauch südfranzösischer Flair. Unbestrittener Publikumsmagnet ist das Dalí-Museum. Zu Lebzeiten war der surrealistische Meister in seiner Geburtsstadt nicht gerade gern gesehen. Aber zwei Jahrzehnte nach seinem Tod ist man stolz auf das extravagante Genie, das Jahr für Jahr Millionen von Touristen hierher lockt. Neben dem Teatre-Museu Dalí sollte man einen Blick auf die Jugendstilfassaden an der Rambla werfen. Auch die Plätze Plaça del Gra und Plaça de les Patates, die Festung Sant Ferran oder die übrigen Museen rechts und links von der Flanierstraße lohnen einen Abstecher.

Teatre-Museu Dalí **1**
direkt 5 S. 47

Museu del Joguet **2**
Sant Pere 1, im Sommer Mo–Sa 10 bis 19, So und Fei 11–18, Okt.–Mai Di–Sa 10–18, So u. Fei 11–14 Uhr
An den rund 3500 Exponaten – vom Puppentheater über Pferdchen und Spielzeugküchen bis hin zu Kuscheltieren – lässt sich der allmähliche Fortschritt der Technik ablesen.

Museu Empordà **3**
Rambla 2, Di–Sa 9–19 Uhr
Von archäologischen Fundstücken über Möbel und Gemälde aus ▷ S. 50

5 | Surreale Welten – Besuch im Dalí-Museum von Figueres

Karte: ▶ E 3

Viele Künstler ließen sich von der Costa Brava inspirieren, aber niemand hatte eine so enge Beziehung zu den bizarren Landschaftsformen der wilden Küste wie der Surrealist Dalí. In Figueres geboren, begründete er hier auch seine ultimative Kultstätte, das Teatre-Museu Dalí, das zu den meistbesuchten Museen Spaniens gehört. In ihm fand er gemäß seinem Wunsch sogar die letzte Ruhe.

Dalí und Figueres

1904 im Carrer Monturiol östlich der Rambles als Sohn eines angesehenen Notars geboren, verbrachte Salvador Dalí i Domènech hier seine ersten Lebensjahre. Schon früh besuchte er eine Zeichenschule, bekam später auch ein eigenes Atelier, von dessen Panoramablick über die Bucht von Roses er schwärmte. Weniger dürfte ihm 1927

der Militärdienst in der Burg Sant Ferran in Figueres behagt haben. Überhaupt stieß er in der bürgerlichen Provinzstadt schnell an seine Grenzen und machte deshalb – nach Stationen in Barcelona, Madrid, Paris und den USA – das ca. 30 km entfernte Cadaqués zu seiner Wahlheimat.

Schon als Kind hatte er sich dort regelmäßig im Sommerhaus seines Vaters aufgehalten. Nachdem er in Paris zu dem für ihn charakteristischen Kunststil, dem Surrealismus, gefunden hatte, lernte er in dem Fischerdorf auch seine Frau Gala kennen. Als die gebürtige Russin Elena Diakonova ihn dort 1929 zusammen mit ihrem Ehemann Paul Éluard, René Magritte, Luís Bunuel und anderen besuchte, blieb sie bei ihm und wurde seine lebenslange Muse.

Mit ihrem praktischen Sinn war sie offensichtlich die perfekte Ergänzung für den weltfremden Genius. Aus dem scheinbar verrückten Rebellen machte sie einen international beachteten und hochdotierten Kunst-Star. Auch wenn die beiden nach langen Auslandsaufenthalten hauptsächlich in Cadaqués weilten, wählte Dalí Figueres als Ort für sein Museum. In der angrenzenden Torre Galatea verbrachte er seine die letzten Lebensjahre, bis er im Januar 1989 starb. Für seine Heimatstadt ist das Museum ein Geschenk, für das sie ihm nicht genug danken kann. Denn ihre touristische Vermarktung steht und fällt mit der surrealistischen Pilgerstätte.

Das Teatre-Museu Salvador Dalí

Schon von Weitem ist das ehemalige Stadttheater, ein imposanter Bau aus dem 19. Jh., an den Eiern zu erkennen, die das Dach und den angrenzenden

Übrigens: Wer weiter auf den Spuren des Surrealisten wandeln will, kann sich in zwei weiteren, sehr viel kleineren Museen umsehen, die zum sogenannten Dalí-Dreieck in Girona gehören: Neben der **Casa Salvador Dalí in Cadaqués** lockt südlich von Figueres im Hinterland des Baix Empordà das **Castell Gala Dalí im Örtchen Pùbol** (Tel. 972 48 86 55, Mitte Sept.–Nov. Di–So 10–18 Uhr, in der Nähe von La Bisbal, kurz vor Corcà rechts den Hinweisschildern folgen). Dalí hat das Landschlösschen 1970 erworben und seiner Frau geschenkt. Im Innern sind originelle Finrichtungsgenstände und Kleider der Künstlergattin zu sehen, durch den verwunschenen Garten staksen Elefanten auf Streichholzbeinchen.

Der Meister selbst wirbt für sein Museum

Turm Torre Galatea schmücken. Die rote Fassade zieren indessen in Reihen angeordnete rustikale Brötchen. Schon in den 1960er-Jahren hegte Dalí Pläne, hier ein Museum einzurichten, 1970 kündigte er es dann offiziell an, bevor das Teatre-Museu Dalí im September 1974 tatsächlich eröffnet wurde. Es ist kein Zufall, dass er sich ausgerechnet ein Theater aussuchte: Mehr als einem Museum gleicht es einer Inszenierung, einer begehbaren Installation mit theaterartigen Effekten.

Im Übrigen hatte der junge Dalí hier schon 1919 an einer Gemeinschaftsausstellung teilgenommen. Mittlerweile versammelt das Museum rund 1500 Werke aus allen seiner Schaffensperioden und Gattungen, von Zeichnungen über Gemälde, Grafiken, Hologramme und Skulpturen bis hin zu Fotos. Darunter befinden sich emblematische Meisterwerke wie »Mädchen aus Figueres« (1926), das »Spektrum des Sex-Appeal« (1932), die »Anatomische Leda« (1949) oder die »Apotheose des Dollars« (1965).

Auf Dalís Wunsch fanden auch Werke anderer Künstler wie El Greco, Marcel Duchamp, Wolf Vostell oder Antoni Pitxot Eingang in das Museum – es sollte sozusagen die Essenz des Surrealismus in sich vereinigen. Seit 2001 gesellt sich zudem eine Sonderausstellung mit von Dalí kreierten Schmuckstücken dazu.

Zum Gesamtkunstwerk wird das Museum aber erst durch die Installationen, die der Künstler für die einzelnen Räume schuf wie z. B. das ca. 6 m² große Deckengemälde des Windpalasts, auf dem Dalí und Gala Sardana tanzen. Aus dem ehemaligen Zuschauerraum des Theaters wurde ein offener Innenhof, in dem der von Unkraut überwucherte »verregnete Cadillac« steht. Daneben ruht Galas gelbes, umgedrehtes Boot auf einer Säule von Autoreifen.

Nicht weniger skurril ist der Mae West gewidmete Saal – ein Vorhang in Form von blonden Haaren eröffnet den Blick auf riesige wulstige Lippen und Nasenlöcher, die Augen ersetzen zwei Bilder. Doch das Außergewöhnlichste verbirgt sich in der Krypta, wo der einbalsamierte Leichnam ruht: Salvador Dalí i Domènech, Marqués de Dalí de Púbol 1904–1989 steht hier geschrieben – Dalí's vollständiger Name nachdem der König ihm den Adelstitel verliehen hatte.

Infos

Das **Teatre-Museu Dalí** [1] (s. Cityplan S. 50, Tel. 972 677 500, www. salvador-dali.org, geöffnet März bis Mai Di–So 9.30–18, Juni tgl. 9.30–18, Juli–Sept. tgl. 9–20, Okt. Di–So 9.30–18, Nov.–Feb. Di–So 10.30 bis 18 Uhr). Gehört zu den meistbesuchten Museen Spaniens. Deshalb muss man sich z. T. auf lange Wartezeiten einstellen. Regentage sollte man meiden, bei erstklassigem Wetter sind die Chancen am größten, sich die Ausstellungsräume in Ruhe ansehen zu können. Gruppen müssen sich vorher anmelden, für Rollstuhlfahrer ist der Besuch nur eingeschränkt möglich.

Tipp

Ein besonderes Erlebnis ist es, das Museum bei Nacht zu besuchen. Üblicherweise öffnet es im August von 22 bis 1 Uhr nachts erneut seine Tore für Besucher, wobei auf der Terrasse auch ein Glas Cava gereicht und ein Video gezeigt wird. Wer will, kann seine Eintrittskarte bereits vorher über das Internet kaufen.

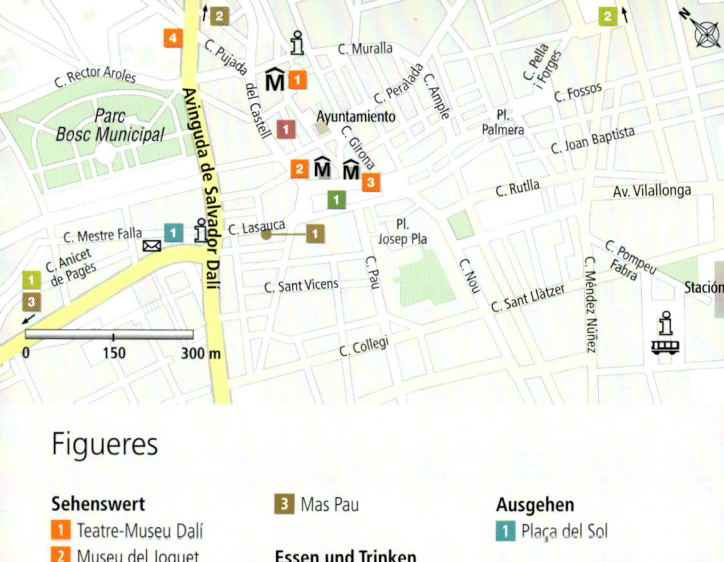

Figueres

Sehenswert
1 Teatre-Museu Dalí
2 Museu del Joguet
3 Museu Empordà
4 Castell Sant Ferran

Übernachten
1 Hotel Durán
2 Hotel Empordà

3 Mas Pau

Essen und Trinken
1 Dalicatessen

Einkaufen
1 Rambla

Ausgehen
1 Plaça del Sol

Aktiv
1 Club Torremirona
2 Peralada Golf Club

---

dem 19. Jh. bis hin zu Ausstellungen zeitgenössischer Künstler – alle finden in dieser Art Heimatmuseum auf mehrere Etagen verteilt Platz. Auch anspruchsvolle Ausstellungen zeitgenössischer Künstler.

Castell Sant Ferran **4**
Pujada del Castell, Tel. 972 50 60 94, So 10.30–20, sonst 10.30–15 Uhr.
Auch Audioguides in deutscher Sprache erhältlich. Ganze 32 ha groß ist die im 18. Jh. erbaute Festungsanlage im Stadtzentrum und damit das größte Bauwerk Kataloniens. Besonders beeindruckend sind die Zisternen im Kellergeschoss.

Übernachten
Gut gelegen – **Hotel Durán 1**: Lasauca 5, Tel. 972 50 12 50, www.hotel duran.com, DZ ohne Frühstück ab 65 €. Ganz dicht am Dalí-Museum mitten im Zentrum von Figueres. Design-Zimmer mit 3-Sterne-Komfort, Parkplatz, Restaurant.

Für Gourmets – **Hotel Empordà 2**: Av. Salvador Dalí i Domènech 170, Tel. 972 50 05 62, DZ 110–210, Frühstück 13 €. Das gepflegte Hotel mit Möbeln von Philippe Starck ist ein ziemlich guter Standort für Ausflüge ins alte Empordà.

Romantische Landidylle – **Mas Pau 3**: Ctra. Figueres–Besalú, Avinyonet de Puigventós, Tel. 972 54 61 54, www. maspau.com, DZ 100–250, Frühstück 14 €. Landhaus aus dem 17. Jahrhundert mit dem Komfort eines 4-Sterne-Hotels. Gutes Restaurant, Garten und Schwimmbad, nur 4 Kilometer südöstlich von Figueres.

Essen und Trinken

Dalís Stammlokal – **Hotel Durán** **1**: Lasauca 5, Tel. 972 50 12 50, www.hotelduran.com, Menü 18 €. Angeblich soll der Surrealist seine Mahlzeiten im schönen Speisesaal mit Zeichnungen bezahlt haben. Berühmt sind die *platillos*, eine Art Fleischragout.

Kreative Regionalküche – **Hotel Empordà** **2**: Av. Salvador Dalí im Domènech 170, Tel. 972 50 05 62, www.hotelemporda.com. Menü ca. 40 €. Nicht ohne Grund erhielt das elegante Restaurant immer wieder Michelin-Sterne. Der Koch Jaume Subirós steht für exquisite Gerichte. Auch Kochkurse und Weinproben.

Unprätentiös – **Dalicatessen** **1**: Sant Pere 19, leckere Kleinigkeiten und mehr auf der Terrasse nahe des Dalí-Museums. Der Besitzer spricht Deutsch.

Einkaufen

Plakate, surrealistischen Schmuck und allerlei Skurriles hält das Dalí-Museum bereit. Rund um die **Rambla** **1** gibt es schöne Modegeschäfte, außerdem lassen sich auf dem Trödelmarkt am 3. Sa im Monat interessante Entdeckungen machen.

Abends und Nachts

Die meisten Bars und das Zentrum des Nachtlebens sind rund um die **Plaça del Sol** **1** anzutreffen.

Sport und Aktivitäten

Club Torremirona **1**: Ctra. N 260, km 46, Navata, Tel. 972 55 37 37. 1993 entstandener 18-Loch-Golfplatz mit elegantem Hotel, Gourmetrestaurant und exklusivem Spa. DZ mit Golf Green Fee ab 228 €, z. T. sehr günstige Pauschalen. **Peralada Golf Club** **2**: Rocabertí, bei Peralada, Tel. 972 53 88 30, gepflegter 18-Loch-Golfplatz mit elegantem Hotel und Wine-Spa.

Infos und Termine

Oficina de Turisme: Plaça del Sol, Juli–Sept. auch am Bahnhof und an der Plaça Gala Dalí, Tel. 972 50 31 55, www.figueres.cat. Die Touristeninformation veranstaltet auch Stadtrundgänge, z. B. zum Thema Dalí.

In der ersten Maiwoche feiert Figueres die **Festes de la Santa Creu** mit Tanz, Märkten und Musikdarbietungen. Am 2. Septemberwochenende findet in der Stadt eine Weinmesse statt.

In der Umgebung

In dem ca. 2 km entfernten Dörfchen Vilabertran an der Landstraße A 26 nach Llançà steht das romanische **Kloster Santa Maria** aus dem 11. Jh. mit schönem Glockenturm und verschwiegenem Kreuzgang (Di–Sa 10–12, 16–18, So 10–12 Uhr). Im September ist es Kulisse eines internationalen Musikfestivals. Die Konzertreihen der Schubertíada sind Franz Schubert gewidmet (www.schubertiadavilabertran.cat). Außerdem ist Figueres Ausgangspunkt für Ausflüge in den 30–50 km entfernten **Naturpark Garrotxa**. Die wilde Mittelgebirgslandschaft des Naturparks wird von inaktiven Vulkanen geprägt. Besondere Perle ist das mittelalterliche Städtchen **Besalú** (ca. 30 km). Es steht bereits seit 1966 unter Denkmalschutz, hat sich aber erst in den letzten Jahren richtig herausgeputzt. Neben mehreren Kirchen und der Brücke aus dem 11. Jh. ist vor allem der Call, das ehemalige jüdische Viertel, mit Mikwé (jüdisches Bad) sehenswert.

Roses ► G 3

Von dem früheren Fischerdorf am Golf von Roses ist rings um die Casa Mallol im alten Ortskern nicht viel übriggeblieben. Inzwischen wurde die weite Bucht, in der im 8. Jh. v. Chr. die griechischen

Rhoder an Land gingen, völlig mit Apartments und Hotels zugebaut. Die familienfreundlichen Sandstrände am Golf von Roses sind eben allzu verlockend! Entsprechend quirlig geht es hier zu, wenn die Einwohnerzahl von rund 30 000 im Hochsommer auf ein Vielfaches anwächst. Ruhe findet man an kleineren Buchten wie der Cala Canyelles Petites oder Almadraba. Neben Familien mit Kindern kommen hier vor allem diejenigen auf ihre Kosten, die sich nach dem Strandleben ins Nachtleben stürzen möchten. Im Übrigen hat der als weltbeste Koch gefeierte Ferran Adrià vom »El Bulli« dafür gesorgt, dass Roses zur Pilgerstätte für Feinschmecker geworden ist. Allerdings ist es fast unmöglich, in dem Restaurant einen Platz zu bekommen. Zudem soll es im Jahr 2011 geschlossen und in eine Feinschmeckerakademie verwandelt werden.

Zitadelle

Av. de Rhode, Tel. 972 15 14 66, Juli/ Aug. 10–21, Juni, Sept. 10–20, Okt.–Mai Di–So 10–18 Uhr.
Am westlichen Ortseingang stehen die Reste einer 40 000 m² umfassenden militärischen Festungsanlage, die Kaiser Karl V. bauen ließ und die später von den Franzosen gesprengt wurde. Von den beiden Toren hat nur die schöne Porta de Mar die Zeiten überdauert. Im Inneren förderten Archäologen die Reste einer griechischen Siedlung aus dem 4. Jh. v. Chr. sowie eine römische Stadt zu Tage. Außerdem steht hier die romanische Basilika Santa María aus dem 11. bzw. aus dem 16. Jh. Hoch über dem Yachthafen sind zudem die Reste einer westgotischen Burg aus dem 6. bis 8. Jh. und nahe am Leuchtturm der Punta Brancals die Festung Trinitat aus dem 16. Jh. an der Punta de la Poncella zu entdecken.

Dolmen de la Creu d'en Cobertella

An der Straße zur Cala Montjoi steht der größte Dolmen Kataloniens, der in neolithischer Zeit, ca. 3000 v. Chr., als Grabstein gedient haben soll.

Übernachten

Komfort am Strand – **Hotel La Terraza:** Pg. Marítim 16, Tel. 972 25 61 54, www.hotelterraza.com, DZ mit Frühstück 80–260 €. Gut geführtes 4-Sterne-Hotel mit Garten, Schwimmbad, Tennisplatz, Minigolfanlage, Konferenzräumen und Garage. Pluspunkte sind der supermoderne Spa und die gute Küche.

Elegante Erholungsoase – **Almadraba Park Hotel:** Almadraba Platja, Tel. 972 25 65 50, www.almadrabapark. com, DZ 145–260, im Hochsommer nur Halb- oder Vollpension DZ 276–475 €. Ein 4-Sterne-Hotel, in dem es an nichts fehlt. Mit Meerwasserschwimmbad, Tennisplatz und guten Restaurants.

Camping Rodas: Paratge Salatar, C. Punta Falconera, Tel. 972 25 76 17, www.campingrodas.com, Parzelle mit Auto und Wohnwagen oder Zelt 11,50 bis 19,50, Pers. ab 5,30 €. Kleinerer Campingplatz an der Punta Falconera, 300 m vom Strand entfernt. Mit Schwimmbad, Grünflächen und Kinderspielplatz.

Essen und Trinken

Günstige Menüs – **Restaurant del Pescador:** Francesc Macià 25, Tel. 972 25 63 80, Feb. und im Winter So und Mo geschl., um 15–20 €. Unweit vom Strand werden schmackhafte Fisch- und Fleischspezialitäten serviert.

Französische Feinschmeckerküche – **Flor de Lis:** Cosconillas 47, Tel. 972 25 43 16, nur abends, Ostern–Mitte Okt. Di geschl. (außer Juli–Sept.), ca. 45 €. In stilvollem Ambiente verwöhnt Nikolaus

In Roses hat der unverbaute Blick aufs Meer inzwischen Seltensheitswert

von Obstfelder seine Gäste mit Köstlichkeiten wie Seewolfsuppe mit Koriander oder gerösteter Taubenbrust auf Portweinsauce.

Abends und Nachts
Wer nur gemütlich einen Drink nehmen will, ist in Harry's Bar richtig, die zum Restaurant »Die Insel« gehört (Pescadors 19). Eine Alternative ist das Globs am Hafen. Beliebte Clubs neben dem Beach-Club in der Avinguda Diaz Pacheco sind das Chic und das Cid, die an der Straße nach Figueres liegen.

Einkaufen
Wochenmarkt ist am So.

Sport und Aktivitäten
Strände: Wesentlich ruhiger als am Hauptstrand von Roses und der Platja de Santa Margarida geht es in den kleineren Buchten Canyelles Petites, Almadrava und in der Cala Montjoi zu.
Yachthäfen: Port de Roses, Carrer dels Pescadors 21, Tel. 972 15 44 12; Canals Santa Margarida, Santa Margarida 74, Tel. 972 25 77 00, 1100 Anlegeplätze.
Wasserpark: Aqua Brava, an der Stra-

ße nach Cadaqués, Juni–Mitte Sept. 10–19 Uhr. Neben Europas größtem Wellenbecken locken Riesen-Wasserrutschen, Wildwasserkanäle und ein Kletterberg. Kinder finden die Piratenboote besonders schön. Ein kostenloser Zubringerbus holt Gäste von Roses, Santa Margarida und anderen Orten ab.
Tauchen: Centro de buceo Poseidon, im Ortsteil Santa Margarida, Tel. 972 25 57 72; Roses Sub, Eugeni d'Ors 15, Tel. 972 25 52 69. Ganzjährig geöffnete Tauchbasis, Material, Kurse, Ausflüge zum Cap de Creus oder zu den Medes-Inseln.
Schifffahrten: Creuers i Catamarans Roses S. L., Anlegestelle am Hauptstrand beim Hotel Ramblamar, Tel. 972 25 54 99. Ausflugsboote nach Cadaqués und zum Cap de Creus.
Wandern: Wer die einsame Berglandschaft rund um Roses genießen will, findet in der Touristeninformation Faltblätter mit Wanderwegen, z. B. die Route der Megalithkultur.

Infos und Termine
Oficina de Turisme: Av. de Rhode 77–79, Tel. 972 25 73 31, www.

roses.cat. Roses ist für seine Umzüge in der **Karnevalszeit** bekannt. Am 29. Juni nehmen die Bewohner von Roses die traditionelle Festmahlzeit, den *apat*, in Form eines Fischeintopfs zu sich. Ihre *festa major* feiert die Stadt um den 15. August. Im Sommer finden in der Basilika Santa María Konzerte statt.

Empuriabrava ▶ F/G 3

Wie Tag und Nacht unterscheiden sich das alte Castelló d'Empúries im Landesinneren und die 1967 angelegte Feriensiedlung Empuriabrava am Golf von Roses, die zusammen etwa 9000 Einwohner haben. Nachdem die einstige Hauptstadt der Grafschaft Empúries verglichen mit dem turbulenten neuen Ortsteil lange Zeit ein Schattendasein führte, erwacht sie nun langsam aus dem touristischen Dornröschenschlaf. In den letzten Jahren sind mehrere schöne Hotels und das Mühlenmuseum entstanden, die das wieder erstarkte Selbstbewusstsein des Orts unterstreichen. Das Geld wird freilich in Empuriabrava verdient. Das Ferienzentrum an der Küste, dessen verzweigtes, 30 km langes Kanalnetz an holländische Grachten erinnert, ist das Mekka deutscher Wassersportler. Viele Eigenheimbesitzer haben ihren Anlegesteg gleich vor der Tür. Der Bauboom hat allerdings so viele Touristen angelockt, dass der Ort wenig katalanisch anmutet. Die Lokale sind vielmehr auf ausländische Besucher eingestellt: Sie servieren rheinischen Sauerbraten und Filterkaffee.

Castelló d'Empúries
Zentrum des mittelalterlich geprägten Castelló d'Empúries ist die gotische Kirche Santa María aus dem 14. Jh. mit ihrem reich verzierten Hauptportal. Beim Spaziergang durch die alten Gassen fallen auch die Llotja de mar, das Rathaus und der Pont Vell, die alte Brücke über den Muga-Fluss, auf. Sehenswert ist zudem die gotische Curie mit Gefängnis aus dem 13. Jh. an der Plaça Sant Jaume, die auch ein Museum ist (Juli–Mitte Sept. tgl. 9–21, sonst Mo–Sa 10–14, 16–18, So 10–14 Uhr). Führungen werden vom örtlichen Fremdenverkehrsbüro veranstaltet.

Ecomuseu-Farinera
Sant Francesc 5–7, Mitte Juni–Mitte Sept. Di–So 10–14, 17–20 Uhr, sonst Di–Fr 10–13, Sa 10–13, 16–19, So 10.30–13.30 Uhr
Die Mehlfabrik aus dem 19. Jh. wurde mit viel Liebe zum Detail in ein Ökomuseum verwandelt. Do von 10–14 Uhr und an besonderen Feiertagen geht die Maschinerie sogar in Betrieb.

Butterfly Park
La Mugueta, Castelló d'Empúries, Ende März–Nov. von 10 Uhr bis Sonnenuntergang
1000 m^2 großer tropischer Schmetterlingspark.

Naturpark Aiguamolls d'Empordà
direkt 6 ▶ S. 56

Übernachten
Moderner Komfort – **Aparthotel Xon's Playa:** Sector Muga C, Enpúriabrava, Tel. 972 45 01 36, www.xons-hotels.com, ganzjährig geöffnet, FW 60–160 €. Von außen kein schöner Anblick, aber in dem modernen Komplex gibt es 200 Wohneinheiten für bis zu 8 Pers. Mit Pool und Minigolfplatz.
Traumhafte Dachterrasse – **Canet:** Castelló, Placa Joc de la Pilota 2, Tel. 972 25 03 40, www.hotelcanet.com, DZ ab 70 €. Aus einem schönen Gebäude von 1924 ist eine stilvolle Bleibe mit Pool geworden.

So lärmig es in der Feriensiedlung Empuriabrava zugeht – im Ortsteil Castelló d'Empúries kann man ins Mittelalter eintauchen

Camping Mas Nou: Ctra. Figueres–Roses, km 38, Tel. 972 45 41 75, www.campingmasnou.com, Parzelle 15, Auto ab 3,70, Pers. ab 2,50 €. Bei längeren Aufenthalten günstige Pauschalen. Campingplatz erster Kategorie mit Schwimmbad, Tennis- und Spielplatz. Auch Bungalows (ab 45 €).

Tipp: Neues Design in altem Palast

Gut versteckt im mittelalterlichen Judenviertel von Castelló d'Empúries liegt das charmante **Landhotel de la Moneda** – dazu wurde der Palast des Marqués de Dosaigues aus dem 17. Jh. mit modernstem Design und 4-Sterne-Komfort ausgestattet. Gewagte Rot- und Blautöne beleben die uralten Gemäuer. Für Entspannung sorgt ein Pool (Plaça de la Moneda 8–10, Tel. 972 15 86 02, www.hoteldelamoneda.com, März–Dez., DZ mit Frühstück 110 bis 170 €).

Essen und Trinken

Erstklassige Fischgerichte – **Casa Gallega:** Joan Carles I 16, Tel. 972 45 46 47, Essen um 60 €. Hier kommen Liebhaber von Paellas, Meeresfrüchten und gegrillten Doraden auf ihre Kosten.

Unscheinbare Feinschmeckeradresse **– Hotel Emporium:** Santa Clara 31, Tel. 972 25 05 93, Gourmetmenüs 56, Mittagsmenüs 18 €. Wer würde vermuten, dass hier Kreationen wie Entenragout mit Birne und Anchovis oder Austern mit Rebhuhn zu haben sind? Das 2-Sterne-Hotel ist auch ein guter Ausgangspunkt für den Wander- und Strandurlaub (DZ 60–115, Frühstück 9 €).

6 | Im Vogelparadies – Wanderung durch den Naturpark Aiguamolls

Karte: ▶ F 4 | **Anfahrt:** Mit dem Auto bis zum Informationszentrum El Cortalet

Normalerweise ist die Costa Brava wild und rau. Ganz anders präsentiert sie sich aber im flachen Sumpfgebiet an der Mündung des Muga-Flusses: Eine eigentümliche Stille liegt über den Salzwiesen mit den Süßwasserlagunen, die mit ihrer eigentümlichen Flora und Fauna als Parc d'Aiguamolls de l'Empordà geschützt werden. Ein ganzes Netz von Wanderwegen führt durch das Vogelparadies. Je nach Jahreszeit lassen sich hier Flamingos, Bartmeisen, Störche, Rohrdommeln oder Nachtigallen beobachten.

Errungenschaft der Umweltschützer

Der Naturpark war eine der ersten Errungenschaften der katalanischen Umweltschützer. In den 1970er-Jahren sollte der Küstenstrich so bebaut werden wie das angrenzende Empúriabrava.

Doch massive Proteste konnten das Vorhaben stoppen. In den 1980er-Jahren wurde das ökologisch einmalige Gebiet dann zum Naturpark erklärt. Auf relativ kleinem Raum wechseln sich Salzwiesen, Sümpfe, Weidelandschaft, Süßwasserlagunen und naturbelassene Strände ab. Inzwischen gilt der Naturpark mit seinen Vogelbeobachtungsstationen bei Ornithologen als vorbildlich. Schon der ein- bis zweistündige Rundweg vermittelt einen guten Einblick in Flora und Fauna.

Rundweg Nr. 1

Ausgangspunkt des Rundwegs (*Itinerari*) 1 ist das Informationszentrum **El Cortalet** **1**, bei dem man sich auch entsprechende Faltblätter holen kann. 50 m weiter gelangt man zur Beobachtungsstation **Quim Franch** **2**, wo sich aus den fensterartigen Öffnungen die Vogelwelt am großen Teich Estany del Cortalet beobachten lässt. Flamingos, Sumpfhühner, Silbermöwen und gewöhnliche

Enten tummeln sich zwischen Wasser und Schilf. Anschließend führt der Weg am Ufer des kleinen Sees entlang zu weiteren Beobachtungsstationen, die den Blick auf die Teichlandschaft mit den kleinen Inseln eröffnen. Zur Linken sind indessen unzählige Storchennester zu sehen. Vor allem im März und April herrscht hier reger Flugverkehr und es wird heftig geklappert. Ein Stück weiter stehen wiederum maritime Rinder auf der Weide, die hier einst heimisch waren und im Laufe der Zeit wieder neu angesiedelt wurden. Zum Teil können auch Hirsche oder seltene Pflanzen wie die gelbe Lilie und die gelbe Iris gesichtet werden. Immer am Bach entlang geht es am Estany de Matà vorbei zum **Observatorium Pallejà** 3, von dem aus man eine schöne Aussicht auf die Lagune und die weite Bucht von Roses hat. Schließlich führt der Weg an den Matà-Türmen vorbei zum gleichnamigen Bauernhaus **Mas Matà** 4 mit alten Silos. Früher, als hier noch Reis angebaut wurde, dienten sie als Lager. Heute ist einer von ihnen begehbar und bietet als höchster Aussichtspunkt ein einzigartiges Panorama über das Empordà.

Rundweg Nr. 2, 3 und 4 über den Strand und am Munga-Fluss entlang

Wer noch nicht umkehren möchte, kann über den **Itinerari 2**, der am Parkplatz Matà beginnt, an Sümpfen und Teichen zum wunderbar naturbelassenen Strand Platja del Matà weiterlaufen (ca. 40 Min.). Am Ende mündet sie wiederum in den **Rundweg 3**, der am Strand und an Lagunen entlang zum Informationszentrum zurückführt. Für die gesamte Wanderung, die sich noch über den **Rundweg 4** in Richtung Estany Euro am Munga-Fluss fortsetzen lässt, braucht man rund vier Stunden.

Infos

Im **Informationszentrum El Cortalet** (an der Landstraße von Castelló d'Empúries nach Sant Pere-Pescador, km 13, Tel. 972 45 42 22, www.parcsdecatalunya.net, mit kleinem Parkplatz, ganzjährig 9.30–14 und 16.30–19 Uhr) gibt es Faltblätter für die verschiedenen Rundwege, außerdem Toiletten und Getränkeautomaten.

Achtung

In der warmen Jahreszeit nicht vergessen: Sonnen- und Mückenschutz, etwas zu trinken, evtl. auch Badesachen.

Jahres- und Tageszeiten

Beste Tageszeit zum Beobachten sind der frühe Morgen und die Abenddämmerung. Die beste Jahreszeit zum Vogelbeobachten sind Frühjahr und Herbst, wenn die Zugvögel Station machen. Im Winter gibt es Gänse, Flamingos und Kraniche zu sehen.

Der Strand von Sant Pere Pescador ist eine der besten Surfadressen der Küste

Abends und Nachts

Die meisten Bars und Diskotheken findet man in der Nähe des Einkaufszentrums Los Arcos und des Carrer Moxó. Bei Skippern beliebt ist die Columbus Bar am Hafen Port Bahía, Salins 1. Zum Tanzen bietet sich der Club Pasarel.la am Passeig Marítim an.

Sport und Aktivitäten

Strände: An die schöne 1,6 km lange Platja d´Empúriabrava schließen sich nördlich und südlich die Platja La Rubina und die Platja Can Gomes an. Letztere ist über den Campingplatz Almata zu erreichen.

Yachthafen: Tel. 972 45 12 39, 5000 Anlegeplätze.

Gleit- und Fallschirmschirmfliegen: Aire, Aeròdrom (lokaler Flugplatz), Tel. 972 45 13 63; Centro de Paracaiclismo Costa Brava, Sector Aeroclub, Tel. 972 45 01 11.

Surfen: Surfshop, Gran Reserva 8–11, Tel. 972 45 22 80. Material und Kurse. Weitere Anbieter am Strand.

Schifffahrten: Marina Ferry, Carmençó 1, Tel. 972 45 25 79. Kanalfahrten ab Ortsteil Carmençó.

Reiten: Hípica Pot, Sector Puigmal 101, Tel. 972 45 05 45.

Infos und Termine

Oficina de Turisme: Pompeu Fabra, Empuriabrava, Tel. 972 45 08 02, www.empuriabrava.com; Plaça dels Homes, Castelló d'Empúries, Tel. 972 15 62 33, www.castello.cat.

›El Petit Tren‹: Ein als Bimmelbahn zurechtgemachter Bus verbindet im Sommer Empúriabrava nach Castelló.

Mitte Juli bildet der Festtag der Schutzpatronin der Seeleute Carme den Auftakt für eine Festwoche mit Segelregatten, Tänzen, Sardinenessen usw. Am 10. und 29. August werden der hl. Llorenç und Sant Joan dels Erms gefeiert. Die zweite Septemberwoche steht in Castelló d'Empúries im Zeichen des Festivals der Troubadoure, mit mittelalterlichem Markt, Musik und Darbietungen.

Sant Pere Pescador ► F 4

Dem hübschen Fischerdorf mit ca. 2000 Einwohnern, das am Ufer des Riu Fluvià ca. 3 km landeinwärts liegt, ist auf den ersten Blick seine mehr als 1000-jährige Geschichte nicht anzusehen. Erst bei einem Rundgang durch das alte Zentrum fallen historische Gebäude wie die Casa Caramany und die benachbarte Pfarrkirche aus dem 18. Jh. ins Auge.

Im Sommer sorgt das Publikum von den nahegelegenen Campingplätzen, darunter viele Niederländer, in dem ansonsten verschlafenen Ort für Hochbetrieb. Schließlich befinden sich in nächster Nähe die über 6 km langen Strände des Golfs von Roses mit weißen Sanddünen. In nächster Nähe liegt auch der Naturpark Aiguamolls de l'Empordà (s. S. 56).

Übernachten

Oase im Grünen – **El Molí:** Ctra. de la Platja 36, Tel. 972 52 00 69, www. hotelelmoli.com, April–Sept., DZ 70–90, Frühstück 6 €. Familienfreundliches Haus mit Schwimmbad, Tennisplatz, Spielplatz und schönen Gartenanlagen.

Rustikal mit Stil – **Hotel Can Ceret:** Mar 1, Tel. 972 55 04 33, www.canceret.com, Feb. geschl., DZ mit Frühstück 95–125 €. 3-Sterne-Hotel in einem Gebäude aus dem 18. Jh. Ruhige Zimmer, auch mit Hydromassage.

Familienfreundlich – **Camping Aquarius:** Ctra. de la Platja, Tel. 972 52 00 03, www.aquarius.es, Ostern–Okt., Parzelle 15,50–42,50, Pers. 3–4 €. Campingplatz mit viel Grün, Kinderspielplatz und Kindergarten. Wassersportangebote. Auch auf Behinderte eingestellt.

Luxuscamping mit Sportangebot – **Camping La Ballena Alegre:** Platja de Sant Pere Pescador, Desploblat Sector Sud, Tel. 902 51 05 20, www. ballena-alegre.com, Mai–Sept., Parzelle 18–46, Pers. um 4 €. Sehr großer Campingplatz am Strand mit eigenem Schwimmbad, Diskothek und ärztlicher Betreuung. Auch behindertengerecht.

Essen und Trinken

Unter steinernen Gewölben – **Can Ceret:** Mar 1, Tel. 972 55 04 33, www.canceret.com, Feb. gschl., Menüs ca. 30, wochentags für 12,50 €. Gepflegt wie das Hotel ist das Restaurant mit seiner vorzüglichen katalanischen Küche.

Einkaufen

Markttag ist Mittwoch. Besonders gut ist das Obst aus dem Anbaugebiet rings um Sant Pere, das häufig auch an Ständen an der Straße verkauft wird.

Sport und Aktivitäten

Die Strände bei Sant Pere Pescador ziehen sich mit ihren weißen Sanddünen über mehr als 6 km.

Yachthafen: Ctra. Sant Pere Pescador a Armentera, Tel. 972 50 07 17, 150 Anlegeplätze.

Surfen und Segeln: Escola de vela, La Gola Fluvià (an der Mündung des Fluvià-Flusses), Tel. 635 48 91 52. Segel- und Surfschule, auch Kajaks und Katamarane; Club Mistral, Camping Ballena Alegre 2, Tel. 687 45 51 82.

Kitesurfen: Kite Experience, Càmping La Gaviota, Tel. 637 37 42 75. Kurse und Material.

Infos und Termine

Oficina de Turisme: Ctra. de la Platja, Tel. 972 52 05 35, www.santpere.cat. **Dorffeste** werden am 20. Januar und 29. Juni gefeiert. Ein renommiertes Musikfestival findet im Juli/August in der alten Pfarrkirche statt.

L'Escala ▶ G 5

Der frühere Fischerort mit seinen knapp 10 000 Einwohnern ist weithin für seine *Anxoves* – Sardellen – bekannt. Sie werden hier nicht nur in reichlichen Mengen gefangen, sondern auch auf traditionelle Art in Salz eingelegt und dadurch konserviert, **direkt 7|** S. 61. Dass der Fisch lange Zeit die Haupterwerbsquelle war, ist dem Ort mit seiner recht schlichten Bebauung rund um den alten Hafen noch anzusehen. Eine besonders schönes Gebäude ist der Alfolí de la Sal, in dem in früheren Zeiten das kostbare Salz aufbewahrt wurde. Hauptattraktion neben einigen schönen Stränden und Buchten sind aber die antiken Ausgrabungen: Überreste der griechisch-römischen Stadt Emporion, **direkt 8|** S. 64.

Übernachten

An den Ausgrabungen – **Jugendherberge L'Escala 1** : Les Coves 41, Tel. 972 77 12 00, www.tujuca.com, ÜF 14–27 €. Sechser-, Achter- und größere Zimmer in altem Landhaus. Fahrradverleih, Fußball- und Basketballplatz, Parkplatz.

Traumlage – **Camping Resort Illa Mateua 2** : Av. Montgó 260, Tel. 972 77 02 00, www.campingillamateua.com, Ende März–Sept., Parzelle 16–32, pro Pers. 3,50–6, Bungalows 60–135 €. 100 m vom Strand entfernt mit großem Baumbestand, Tennisplatz, Schwimmbad, Kinderspielplatz.

An den Ruinen – **3 Hostal Empúries:** s. S. 67

Essen und Trinken

Am Hafen – **2 La Punta:** s. S. 63
Mit Meerblick – **El Roser 2 2** : Pg. Lluís Albert 1, Tel. 972 77 11 02, So abends und Mi geschl., Degustationsmenü 45 €. Die Salate mit Meeresfrüchten,

oder das Eis aus Pflaumen in Armagnac sind schwer zu überbieten.
Fischspezialist – **Miryam 3** : Ronda del Padró, Tel. 972 77 02 87, So abends geschl., ca. 40–60 €. Es lohnt sich, etwas mehr auszugeben für die erstklassige Qualität. Nirgendwo sind die Meeresfrüchte frischer und besser.

Einkaufen
Markttag ist Sonntag.

Sport und Aktivitäten
Strände: Zur Wahl stehen der Stadtstrand Platja de Riells, der Port d'en Perris und die von Bäumen eingerahmten Buchten bei den antiken Ruinen. Nicht nur bei Tauchern beliebt sind die etwas südlich gelegenen Badebuchten Cala Montgó und Cala Ferriola. In Strandnähe liegen die Kim-Grotten in 12 m sowie ein gesunkenes Schiff in 42 m Tiefe.
Yachthafen: Tel. 972 77 00 16, 435 Liegeplätze, auch Segelschule.
Tauchen: International Diving Center 1 , Port de la Clota, Tel. 972 77 00 77. Auch Tauchgänge bei den Medes-Inseln und am Cap de Creus.
Surfen und Segeln: Funtastic Empordà 2 , Closa del Llop 4, Tel. 972 77 41 84. Segel- und Motorboote, Katamarane, Wasserski. Verleih und auch Kurse.
Kayaking Costa Brava: Lluís Albert 11, Tel. 972 10 38 06. Kajakverleih und organisierte Ausflüge.

Infos und Termine
Oficina de Turisme: Plaça de les Escoles 1, Tel. 972 77 06 03, www.lescala-empuries.com.
Anfang Juni zelebriert L'Escala mit dem **Triumvirat Mediterrà** seine griechisch-römische Vergangenheit mit Umzügen, Gladiatorenkämpfen und Sklavenversteigerungen. Mitte Juli wird zu Ehren der Verge del Carme, der Patronin der Seefahrer, ein Fest gefeiert. ▷ S. 68

Karte: ► G 5

L'Escala

200 m

Von den Speisezetteln der Restaurants sind sie nicht wegzudenken, die köstlichen Anchovis – katalanisch Anxoves, die vor allem aus der Gegend um L'Escala stammen. Ihren besonderen Geschmack erhalten die Sardellen durch das traditionelle Einlegeverfahren in Salz. Wenn Sie wissen möchten, wie dies vonstatten geht, sollten Sie sich im hübschen Museu de l'Anxova der Sardellen-Hochburg umsehen, wo Geschichte und Herstellungsprozess anhand von Gerätschaften, einem alten Schiff und Fotos veranschaulicht werden.

Das weiße Gold

Einer der ersten Industriezweige der Costa Brava war die Anchovis-Fabrikation, die vor allem in der Gegend von L'Escala am südlichen Ende des Golf von Roses praktiziert wurde. Noch heute gibt es dort Fabriken, die das traditionelle Herstellungsverfahren weiterführen. Die Besonderheit daran ist, dass der Fisch in Salz eingelegt wird. Ohne das Salz hätte der etwa seit dem 16. Jh. bestehende Fischerort mit seinem immensen Sardellen- und Sardinenfang nicht viel anfangen können. Denn beim Einsalzen ging es in erster Linie nicht darum, aus den Sardellen eine besondere Delikatesse zu machen, sondern sie zu konservieren.

Aufgrund seiner großen Bedeutung in diesem Zusammenhang stellte das Salz eine große Kostbarkeit dar, es wurde sozusagen als »weißes Gold« gehandelt. Wie im Museum anhand von prall gefüllten Säcken, Fotos und Landkarten zu erfahren ist, gelangte es von den Salinen Ibizas, Formenteras und Torreviejas in den Fischerhafen, wo es im Lagerhaus Alfolí de la Sal aufbewahrt wurde.

Fangmethoden

Natürlich musste der Fisch erst einmal gefangen werden. Ursprünglich – das haben alte Fotografien festhalten – fuhren die Fischer mit Lateinsegelbooten aufs Meer hinaus und brachten den Fisch bei Morgengrauen ein. Dafür brauchten sie nicht nur Fischerboote, von denen ein besonders schönes Exemplar im Museum steht, sondern auch Fangnetze, die hier ebenfalls zu sehen sind. Zunächst waren die Netze noch recht klein. Die Fische blieben in den Maschen stecken und mussten Stück für Stück per Hand herausgezogen werden – eine Arbeit, die vor allem Frauen, aber auch Kinder verrichteten. Auch das Flicken der Netze war oftmals weibliche Domäne. Zu Beginn des 20. Jh. wurden dann größere Fangnetze eingeführt, die mit Hilfe von zwei Booten im Meer ausgebreitet wurden und einen wesentlich größeren Fang ermöglichten. Eins von ihnen war mit einer Lampe ausgestattet, das Licht diente dazu, die Fische anzulocken. Vor allem die Motorisierung der Boote erlaubte es ihnen, nach und nach immer weiter aufs Meer hinauszufahren und in entfernteren Gebieten zu fischen. Heute ist die Gegend allerdings so stark überfischt, dass die Fischer immer wieder Zwangspausen einlegen müssen.

Einlegeverfahren in Salz

Nach dem Einbringen des Fangguts wurde der Fisch versteigert und erzielte – je nach Menge – mal höhere, mal niedrigere Preise. Anschließend machten sich dann vor allem die Frauen an die Arbeit. Zunächst mussten die Sar-

In Salz konserviert wird der Fisch zur gefragten Delikatesse

dellen ausgenommen, von Innereien und Kopf befreit und gesäubert werden, dann wurden sie eingelegt. Dabei wurde jeweils eine Lage Fisch und eine Lage grobkörniges Salz in Gläser geschichtet, zum Schluss kam noch etwas kochende Brühe darüber. So wird der Fisch haltbar gemacht und kann nach einer Reifezeit von etwa sechs Monaten – wenn sich das Blut mit dem Salz vermischt hat – verzehrt werden. Bevor die Sardellen gegessen werden, spült man zunächst unter fließendem Wasser das Salz ab und entfernt die Gräten. Dann werden sie mit Olivenöl übergossen – und von den Katalanen am liebsten auf Pa amb tomàquet, also Brot, das zuvor mit Tomate eingerieben sowie mit Salz und Olivenöl gewürzt wurde, gegessen. Zwar werden die Sardellen auch heute noch in vielen Fabriken nach dem traditionellen Einlegeverfahren konserviert. Doch seit der Erfindung der Konservenbüchse werden sie vielfach bereits in Olivenöl und somit verzehrfertig angeboten. Daneben bereichern Produkte wie Paté d'Anxova, Sardellenpaste, oder mit Anchovis gefüllte Oliven das Sortiment.

Infos
Museu de l'Anxova i de la Sal **1** :
Av. Lluís Companys 1 (Tel. 972 77 68 15, www.anxova-sal.cat, im Sommer Di–Fr 10–13 und 17–19, Sa 11–13 und 17–19 So/Fei 11–13, im Winter Di–Fr 10–13, Sa, So, Fei 11–13 Uhr). Es gibt auch ein Video in deutscher Sprache. Weitere Informationen beim Fremdenverkehrsamt von L'Escala, Tel. 972 77 06 03, www.lescala.cat.

Salz- und Anchovis-Feste
Hoch her geht es in L'Escala am zweiten Septemberwochenende, wenn hier das große Salzfest stattfindet, bei dem Boote mit Lateinsegeln ausschwärmen und daran erinnern, wie in früheren Zeiten das Salz auf dem Meerweg nach L'Escala gelangte. Dazu gibt es traditionelle Gesänge, Tanz und natürlich werden am Strand auch Sardinen gegrillt. Etwas später, am ersten Oktoberwochenende wird das Anchovis-Fest gefeiert. Neben einem Kochwettbewerb, bei dem die Köche – und vor allem Köchinnen – um die raffiniertesten Sardellen-Kreationen wetteifern, wird einem Bürger für besondere Verdienste die ›Goldene Sardelle‹ verliehen. Außerdem werden Zigtausende von Sardellen-Filets unter dem Volk verteilt.

Für den Hunger zwischendurch
Wer im Museum Appetit bekommen hat, sollte die Spezialität gleich an Ort und Stelle in einem der vielen Lokale rund um den alten Hafen probieren, z. B. in der Bar **La Punta** **1** , Plaça de la Punta, die mit Blick aufs Meer hervorragenden Fisch und Meeresfrüchte serviert.

Tipp
Die Anchovis von L'Escala sind eins der originellsten Mitbringsel von der Costa Brava. Gläser verschiedener Größe sind nicht nur in den Läden in L'Escala, sondern auch in Supermärkten vieler anderer Orte zu finden. Wer will, kann sich aber auch in einer der hiesigen Fabriken eindecken, die über Verkaufsräume verfügen, z. B. in der **Casa Bordas** **1** an der Straße von L'Escala nach Orriols, bei km 20 (Tel. 972 77 00 85, www.casabordas.net). Hier werden auf Wunsch bei vorheriger Anmeldung auch Führungen durch die Fabrik und Degustationen organisiert.

Karte: ▶ G 5

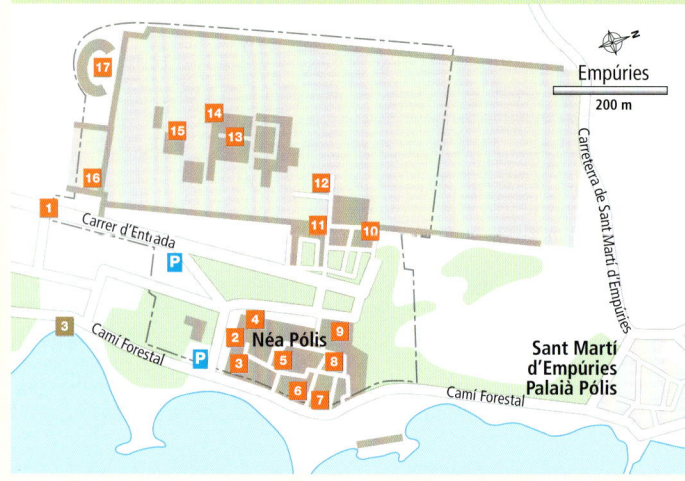

Kaum zu glauben: Nur ein paar Meter vom Strand mit seinen dicht an dicht liegenden Badegästen und Tretbooten taucht man in die Geschichte früherer Jahrtausende ein, ohne die es Spanien in seiner jetzigen Form vielleicht gar nicht geben würde. Im 6. Jh. vor Christus gründeten hier zunächst griechische Händler die antike Kolonie Emporion. Später landeten römische Soldaten im Hafen von Empúries und leiteten von hier aus die Eroberung der Iberischen Halbinsel ein. Die Ruinen ihrer jeweiligen Städte laden dazu ein, zwischen Pinien und Zypressen in einer Art offenem Geschichtsbuch zu wandeln.

Erste Orientierung

Die Gegend war gut gewählt: Die große Bucht von Roses war von Norden her durch die letzten Pyrenäenausläufer geschützt, im Süden schließt sich gebirgige Steilküste an und mittendrin liegt der natürliche Hafen von Empúries. Hier hatten schon die Bewohner der Eisenzeit erste Siedlungen. Im 7. Jh vor Chr. begannen sie, mit Phöniziern, Etruskern und Griechen zu handeln. So wollten auch die Griechen, als sie aus Phokis hierherkamen, nicht das Land erobern, sondern lediglich eine Handelskolonie errichten. Zunächst befand sie sich auf der Anhöhe, wo heute Sant Martí d'Empúries liegt, wenig später entstand die Neustadt Néa Pólis in nächster Nähe zum Meer. Wenn man das Ausgrabungsgelände betritt, liegt sie zur Rechten dicht am Wasser, zur Linken breitet sich auf einer Anhöhe die römische Stadt aus. Dazwischen bewahrt ein Museum die in den Ruinen gefundenen Überreste – Statuen, Amphoren, Vasen, Mosaike und andere auf. Nachdem 1908 damit begonnen wurde, die Städte auszugraben, sind bisher erst 25 % der Ruinen freigelegt. Von der sehr viel größeren römischen Siedlung ist nur ein kleiner – und dennoch eindrucksvoller – Teil zu sehen.

Die griechische Néa Pólis

Vom **Eingang**  gelangt man zunächst zur **südlichen Stadtmauer** [2], die Teil des Verteidigungssystems des griechischen Emporion war. Dahinter sind rechts die Überbleibsel des **Serapieion** [3] zu sehen, eines dem ägyptischen Gott Serapis geweihten Tempels. Links sieht man das **Asklepíeions** [4], welches dem Gott Asklepios geweiht und eine Art religiös-me-

dizinisches Zentrum war. Über den Ruinen erhebt sich der heilende Gott in Gestalt einer Kopie der mehr als 2 m hohen Marmorstatue aus dem 2. Jh. vor Chr., die im Museum zu bewundern ist – durch ein Gewand mit elegantem Faltenwurf scheint der mächtige, leicht entblößte Körper hervor, der mit den zierlichen Sandalen an seinen Füßen kontrastiert. Rundherum ragen die Reste von Einfamilienhäusern wie dem Peristylhaus mit Innenhof, z. T. auch mit Garten, aus dem Boden. Dabei deuten Teile von Wasserleitungen auf ein damals schon vorhandenes Kanalsystem hin. Besonders verblüffend sind die Überbleibsel eines **Einsalzungsbetriebs** [5] aus dem 1. Jh. nach Chr.: Offensichtlich wurde hier schon vor 2000 Jahren der Fisch nach demselben Verfahren konserviert, das die Anchovis-Fabriken von L'Escala heute noch anwenden. Fisch war damals also Handelsgut und die Kon-

Krankenhaus der Antike: das dem Gott der Medizin geweihte Asklepieion

servierung einer der ältesten Produkti-
onszweige der Küste. Politisches und
wirtschaftliches Zentrum der Siedlung
war die **Agorá mit ihrer Stoá** 6 , einer Säulenhalle. Sehr viel später, zwischen dem 4. und 7. Jh. n. Chr., kam
noch eine **frühchristliche Basilika**
7 mit Totengedenkstätte am östli-
chen Rand der Ausgrabungen hinzu.
Weiter westlich, nah am Museum, hat
indessen der **Fußboden** 8 eines
Bankettsaals mit griechischer Inschrift
die Zeit überdauert.

Das archäologische Museum

Wie man sich das Leben in Emporion
vorzustellen hat, ist im **archäologischen Museum** 9 zu erfahren, das
inmitten der Ausgrabungen zahlreiche
Funde aufbewahrt. Hier steht nicht nur
das marmorne Original der Asklepios-
Statue. Es sind auch schön bemalte
Amphoren und andere Gefäße zu sehen, die belegen, dass die Griechen
mit Wein handelten. Im Übrigen kann
man hier vieles über den Handel mit
Getreide, Wolle oder Leinen sowie
über Religion und Totenkult erfahren.
Und über die allmähliche Romanisie-
rung der Gegend. Denn die offensichtlich friedliche Koexistenz zwischen
griechischen Siedlern und Iberern sollte nicht ewig bestehen. Als Rom im
Rahmen des Zweiten Punischen Kriegs
seine Expansion im westlichen Mittelmeerraum fortsetzte, landete 218 v.
Chr. ein römisches Heer in Emporion.
Eigentlich sollte es nur den von Süden
kommenden karthagischen Truppen
den Landweg nach Italien versperren.
Doch gleichzeitig wurde die Eroberung
der Iberischen Halbinsel eingeleitet.
Um 100 v. Chr. entwickelte sich aus
dem Militärlager eine richtige römische Stadt, die später mit der griechischen zusammengelegt wurde. Obwohl nur ein kleiner Teil ausgegraben

wurde, ist zu erkennen, dass es sich
um eine sehr viel großzügigere und
gerade strukturierte Anlage mit breiten Straßen handelte.

Rundgang durch das römische Emporiae

Vom Museum kommend, empfängt einen gleich das **Domus 1** 10 , eine der
bedeutendsten Villen der römischen
Stadt. Zwischen dem 1. Jh. v. und dem 1.
Jh. n. Chr. entstanden, haben sich ihre
schönen Mosaikböden erhalten. Links
der hier beginnenden Straße liegen **Domus 2 A und Domus 2 B** 11 , an denen sich die Struktur der damaligen
Häuser mit Atrium und Peristyl gut ablesen lässt. Auf der anderen Straßenseite
liegen die Überreste der öffentlichen
Thermen 12 . Politisches Zentrum der
Stadt war das weiter südlich gelegene
Forum 13 , um das sich die wichtigsten
Gebäude gruppieren: Basilica und Kurie,
eine Art Verwaltungssitz, außerdem der
Augustus- und Kapitoltempel, wo ver-
mutlich Jupiter, Juno und Minerva ge-
huldigt wurde. Auch ein Teil des **Säu-
lengangs** 14 , der das Forum umgab, ist
– in rekonstruierter Form – zu sehen,
weiter südlich lagen allerlei **Geschäfte**
(Tabernae) 15 an der Hauptstraße Car-
do Maximus, die zum Ausgang der Stadt
führte. Ringsum war sie von einer Stadtmauer umgeben, von der sich das mächtige Haupttor erhalten hat, außerhalb
befinden sich die Relikte der **Palästra**
16 – eine Art Sporthalle – und des **Am-
phitheaters** 17 , wo einst die Gladia-
toren miteinander kämpften. Um die
Mitte des 3. Jh. n. Chr. wurden beide
Städte verlassen, weil andere römische
Städte im Landesinneren wichtiger wurden. Die Bevölkerung zog dann auf den
Hügel des benachbarten Sant Martí
d'Empúries, das später Bischofssitz und
Hauptstadt der späteren Grafschaft Empúries wurde.

Alles auf einmal: Antike Ausgrabungen, Pinien und Mittelmeer

Infos

Die Ausgrabungen **Ruïnes d'Empúries** liegen am nördlichen Ortsrand von L'Escala und sind über die Landstraße von Viladamat nach L'Escala zu erreichen. Kurz vor dem Ortseingang zweigt links die Zufahrtsstraße zum kostenlosen Parkplatz ab. Geöffnet ist das Gelände (Tel. 972 77 02 08, www.mac.es) von Juni bis September täglich 10–20, von Oktober bis Mai täglich 10–18 Uhr. Während der Osterwoche gelten die Sommeröffnungszeiten.

Gut gebettet

Nah an den Ruinen und zugleich am Wasser kann man nur in dem liebenswerten, umfassend renovierten **Hostal Empúries** 3 übernachten. Vom Zimmer hört man aus man die Wellen rauschen, von der Terrasse überblickt man die hübsche Bucht vor dem Haus. Und wer will, kann mit Fahrrädern am Strand entlang oder nach L'Escala fahren. Das Restaurant serviert gute katalanische Marktküche; an kühlen Tagen lockt neuerdings auch ein Spa (Platja del Portitxol, Tel. 972 77 02 07, www.hostalempuries.com, DZ ohne Frühstück ab 95 €, z. T. günstige Pauschalen).

Musik in den Ruinen

Im Hochsommer wird die Ausgrabungsstätte regelmäßig zur Kulisse eines internationalen Musikfestivals, dann erklingen auf dem römischen Forum katalanische Chansons oder andalusischer Flamenco.

Badefreuden mit antikem Flair

Nachdem sich der Hafen im 16. Jh. zum heutigen L'Escala verlagerte, sind die schönen von Pinien umstandenen Buchten an den Ruinen verwaist. Wer nach der Besichtigung ein Bad nehmen möchte, kann immerhin noch den hellenistischen Hafendamm aus der Zeit um 100. v. Chr. bewundern, der dort von den Wellen umspült wird. Empfehlenswert ist auch ein Spaziergang zum nördlichen Nachbarörtchen Sant Martí d'Empúries, das früher Bischofssitz war. Dort laden auf der Plaça diverse Lokale zu einem Kaffee, einem Glas Wein oder einem ganzen Essen einladen.

L'Estartit ▶ H 6

Einst nur der kleine Fischerhafen von Torroella de Montgrí, ist L'Estartit mittlerweile zu einem stattlichen Ferienzentrum mit rund 2000 Einwohnern und guter Infrastruktur herangewachsen. Es ist nicht gerade der schönste Ort der Küste, doch ist er bei Wassersportlern sehr beliebt. Hauptattraktion sind die vorgelagerten Medes-Inseln, deren zerklüftete Felsen unmittelbar vor der Küste aus dem Wasser ragen, **direkt 9 ▶** S. 69. Der kilometerlange Sandstrand neben dem Yachthafen zieht viele Urlauber an.

Torroella de Montgrí

Anders als im touristischen L'Estartit glaubt man im Zentrum von Torroella de Montgrí im Mittelalter zu sein. Rund um die arkadengesäumte Plaça de la Vila, das Stadttor Portal de Santa Caterina und den Hexenturm findet man altehrwürdige Bauten wie das Rathaus aus dem 15./16. Jh., die Sonnenuhr, die Casa Hospital mit ihrem Kreuzgang oder die Casa Pastors.

Museu de la Mediterrània

Ullà 31, Torroella, Mo/Di–Sa 10–14, 17–20, So/Fei 10–14, Juli/Aug. Mo–Sa 10–14, 18–21, So und Fei 10–14 Uhr
Das Kulturzentrum in der schönen Can Quintana versucht, seinen Besuchern das Mittelmeer mit allen Sinnen – mit Ausstellungen, Musikinstrumenten und sogar Gerüchen nahezubringen und organisiert im Juli und August geführte Rundgänge durch Torroella de Montgrí und L'Estartit.

Palau Solterra

L'Església 10, Mitte Juni–Mitte Sept. Mi–Mo 17–21.30, Winter Sa 11–14, 16.30–20.30, So 11–14 Uhr, Mitte Dez.–Ende Jan. geschlossen
Der wunderschöne Renaissancepalast aus dem 15. Jh. beherbergt Ausstellungen katalanischer Kunst, außerdem finden hier Konzerte und Vorträge statt.

Tipp: Castell de Mongrí

Schon von Weitem sichtbar ist das kahle Bergmassiv des Montgrí, das sich über der Ebene des Empordà erhebt. Auf 300 m Höhe stehen die Ruinen der Burg Castell de Montgrí. König Jaume II. ließ die Festung im 13. Jh. zur Verteidigung gegen die Grafen des Empordà errichten. Doch nachdem sich diese schließlich zum katalanischen König bekannten, blieben die mächtigen Mauern unvollendet. Der Aufstieg (ca. 1 Std.) wird mit einem herrlichen Blick bis hin zu den Medes-Inseln belohnt.

Übernachten

Für Taucher – **Hotel Les Illes:** Les Illes 55, Tel. 972 75 12 39, www.hotellesilles.com, April–Okt., Wochenende mit VP und Tauchgängen 200–230, Begleitpers. 90–110, Woche mit 6 Tauchgängen 480–650, Begleitpers. 315–460 €. Freundliches, zentral gelegenes Haus mit Tauchschule bzw. -club. 63 renovierte Zimmer mit Klimaanlage, teils mit Blick zum Hafen.
Stilvolles Kleinod – **Hotel Cal Tet:** Santa Anna 38, Tel. 972 75 ▷ S. 71

Karte: ▶ H 6 | **Start:** in L'Estartit

Reif für die Insel? Wie wäre es dann mit einem Abstecher zu den Medes-Inseln vor der Küste L'Estartits, die mit Unterwasser-höhlen, seltenen Pflanzen und Tieren, vor allem Korallen, locken? Der Naturpark ist nicht nur Ziel von Tauchern, Schnorchlern und Seglern – auch bei der Fahrt mit dem Glasbodenboot kann man sich der einzigartigen Unterwasserwelt nähern.

Ein Archipel aus bizarren Felsen

Sieben Inselchen – Meda Gran, Meda Xica, Magallot, Ferranelles, Tascons Grossos, Tascons Petits und Carall Bernat – umfasst der 21,5 ha große Archipel und die bis zu 75 m hohen Felsen, die etwa eine Meile vor der Küste aus dem Wasser ragen, sind so bizarr wie ihre Namen. Mal erinnern sie an ein Dreieck oder einen Zuckerhut, mal an einen archaischen, zu Stein gewordenen Dickhäuter. Als Ausläufer des Kalksteinmassivs des Montgrí im Landesinneren stellen sie ein eigenes Ökosystem mit seiner spezifischen Flora und Fauna dar.

So winzig sie sind, mit ihrer strategischen Lage standen sie oftmals im Zentrum kriegerischer Auseinandersetzungen. Schon die Griechen sollen die größte Insel, Meda Gran, als Begräbnisstätte verwendet haben. Später nutzten sie Engländer, Franzosen und Spanier als Festung. Seit dem 18. Jh. plünderten Korallenfischer den Meeresgrund, bis 1983 ein totales Fischereiverbot verhängt wurde. Seit 1990/91 wird das Gebiet als maritimer

Von L'Estartit bis Palafrugell

Naturpark geschützt. Das Ankerwerfen ist verboten, die offiziellen Ankerplätze sind stark begrenzt. Stattdessen kann man die Gegend mit dem Glasbodenboot erkunden oder an organisierten Bootstrips für Taucher, Schnorchler und Schwimmer teilnehmen.

Unterwegs mit dem Glasbodenboot

Meist fahren die Boote zunächst an der stark zerklüfteten Küste entlang – vom Wasser aus blickt man auf z. T. 100 m hohe Felswände. Besonderes Highlight ist das gewaltige, vom Meer umtoste Felsloch Foradada, dem sich die Boote nähern.

Anschließend werden die Medes-Inseln angesteuert. Eine nach der anderen wird umfahren, wobei die Boote auch längere Zeit an verschiedenen Punkten verweilen, sodass die Passagiere sich durch den Glasboden Flora und Fauna ansehen können. Die Sicht hängt allerdings von Wetter und Lichtverhältnissen ab – bei stürmischer See ist die Unterwasserwelt durchgewühlt und entsprechend trüb.

Schillernde Unterwasserwelt

Etwa 10 bis 15 m unter der Wasseroberfläche leben vor allem rote und grüne Algenarten, die sich den Lichtverhältnissen angepasst haben. Außerdem wächst auf dem Meeresboden langes Neptungras. Dazu gesellen sich farbenfrohe Schwämme und eine reichhaltige Tierwelt.

Neben Würmern, Schnecken und Muscheln tauchen Zackenbarsche, Lippfische, Drachenköpfe und sogar Meeraale auf, in den Höhlen verbergen sich Krustentiere wie Langusten oder Bärenkrebse. Insgesamt sind in den Miniaturwäldern unter Wasser um die 600 Arten von Wachsrosen, Muscheln, Seegurken, Krustentieren und Fischen zuhause. Besonders exotische Exemplare sind die Edelkorallen und gelben Nelkenkorallen. Im Übrigen ziehen die Inseln auch jede Menge Vögel an. Nicht selten kreisen über den Booten Silbermöwen, Wanderfalken, Blaudrosseln, Kuh- und Seidenreiher, die auf der Insel großflächig ihren Kot hinterlassen – ein Grund mehr die Insel nicht zu betreten.

Infos

Fahrten mit dem Glasbodenboot bieten von April bis Okt. mehrmals täglich die beiden Reedereien **Nautilus** [1], Pg. Marítim 23, Tel. 972 75 14 89, www.nautilus.es, und **Núria-Marina Princess** [2], Pg. Marítim 34, Tel. 972 75 06 43, www.marina princess.com, an.
Tickets sind an mehreren Stellen an der Strandpromenade erhältlich.
Im Gebiet der Medes-Inseln darf ein begrenztes Kontingent an Booten auch ankern. Dazu muss man sich allerdings rechtzeitig eine Genehmigung einholen. Ansprechpartner hierfür ist in erster Linie das Tourismusbüro.

Tauchen

In L'Estartit sind zahlreiche Tauchstationen vertreten, die Ausflüge mit Tauchgängen oder zum Schnorcheln einschließlich Ausrüstung anbieten. Einige sind direkt an der Strandpromenade zu finden, z. B.:
Costa Brava Divers [1], Pg. Marítim 7, Tel. 972 75 20 34, www.costa-brava-divers.com
Diving Center La Sirena [2], Pg. Marítim 2, Tel. 972 75 09 54, www.la-sirena.net
Les Illes [3], Illes 55, Tel. 972 75 12 39, www.hotellesilles.com
Unisub [4], Pg. Marítim 10, Tel. 972 75 17 68, www.unisub.es

11 79, www.caltet.com, im Jan. geschl.,
DZ mit Frühstück 55–110 €. Wunderschönes kleines Stadthotel in einer ehemaligen Fischhandlung. Komfortable
Zimmer, z. T. mit Jacuzzi auf der Terrasse.
Familienfreundlich – **Camping La
Sirena:** Av. La Pletera, Tel. 972 75 15
42, www.camping-lasirena.com, Mai–
Okt., pro Auto, Person, Zelt 3–6,50,
Bungalows ab 30 €. Am Strand mit
Schwimmbad, Tauchzentrum und Wassersportmöglichkeiten.

Essen und Trinken
Raffinierte Kreationen – **La Gaviota:** Pg. Marítim 92, Tel. 972 75 20 19,
Mo und Mitte Nov.–Mitte Dez. geschl.,
Menü ca.25 €. Ob Calamares, Paella
oder Entenbrust mit Mango-Chutney –
Qualität und Service des gepflegten
Restaurants sind ausgezeichnet.

Einkaufen
Markttag ist der Donnerstag.

Sport und Aktivitäten
Yachthafen: Tel. 972 75 14 02, 737
Liegeplätze. Auch Windsurfing.
Tauchen und Bootsausflüge: s. S.
70.
Kajaks: Medaqua, Pg. Maritim 13, Tel.
972 75 20 43. Umfassendes Wassersportprogramm.
Fahrradfahren: Medaqua; Las Vegas,
Av. Roma 83, Tel. 972 75 06 91.

Infos und Termine
Oficina de Turisme: Pg. Marítim 47,
L'Estartit, Tel. 972 75 19 10, www.visite
startit.com; Ulla 31, Torroella de Montgrí,
Tel. 972 75 51 80, www.torroella- estartit.cat. Ende Juli bis August findet in der
Kirche Sant Genis und auf Plätzen der Altstadt das **Festival Internacional de
Música de Torroella de Montgrí** mit
Schwerpunkt Gitarrenmusik statt, Tel. 972
76 06 05, www.festivaldetorroella.com.

Platja de Pals ▶ H 7

Nur ein Ortsteil des mittelalterlichen Pals
(**direkt 10** S. 72) ist der etwa 5 km
entfernte, noch ganz junge Strandort,
der touristisch aber von viel größerer Bedeutung ist. Die Infrastruktur trägt das
Ihrige dazu bei: Rund um den 3,5 km
langen Sandstrand gruppieren sich luxuriöse Hotels, erstklassige Campingplätze
und gleich drei Golfplätze, die zusammen das »goldene Golfdreieck« bilden.

Sport und Aktivitäten
Strände: Südlich vom Sandstrand Platja de Pals gelangt man auf einem kleinen Spaziergang über Felsen zur wunderschönen Platja de L'Illa Roja, die bei
FKK-Anhängern beliebt ist.
Segeln: Club de Vela, Platja del Grau,
Tel. 607 20 22 96, Escola Naútica, Platja del Grau, Tel. 972 66 73 44.
Golf: Platja de Pals, beim Hotel La Costa, Ctra. de Pals, Tel. 972 66 77 39. Renommierter Platz mit fast 50-jähriger
Tradition. Gediegenes Ambiente. Golf
Serres de Pals, beim Ort, Tel. 972 63 73
75, schöner 18-Loch-Platz zwischen Pinienwäldern, Reisfeldern und Olivenhainen; Empordà Golf Club: bei Gualta
an der Straße Palafrugell–Torroella, Tel.
972 76 04 50. Golfplatz mit 36 Löchern, der sich an ein junges Publikum
richtet, mit dem dazugehörigen, avantgardistischen Empordà Golf Hotel &
Spa (www.hotelempordagolf.com).

Übernachten
Für Gourmets – **Hotel Sa Punta:**
Platja de Pals, Urbanizació Sa Punta,
Tel. 972 66 73 76, www.hotelsapun
ta.com, DZ 120–250, Frühstück 12,
HP ab 37 €. Elegantes 4-Sterne-Hotel,
gepflegter Garten mit Swimmingpool.
Golfresort – **Hotel La Costa:** Platja
de Pals. Tel. 972 66 77 40, www.resort
lacosta.com, DZ mit Früh-   ▷ S. 75

10 | Wehrhaftes Mittelalter – Autotour von Pals nach Peratallada

Karte: ▶ G 7

An der Küste mag es noch so modern zugehen, im Hinterland scheint vielerorts die Zeit stehen geblieben zu sein. Zumindest in Dörfern wie Pals und Peratallada, deren Besuch wie eine Zeitreise ins Mittelalter ist, als sich die Landgrafen mit dicken Stadtmauern und Wehrtürmen schützen mussten. Mag sein, dass die beiden denkmalgeschützten Orte auf manchen wie Freiluftmuseen wirken – es gibt tatsächlich kaum Bäckereien, stattdessen in jedem dritten Haus ein Landhotel, einen Souvenirladen oder ein Restaurant –, doch verkörpern die sorgsam restaurierten Perlen unter den Dörfern des Baix Empordà am genauesten das Modell der mittelalterlichen Stadt.

Pals
Der Name »Pals« leitet sich vom lateinischen Wort »Paulus« für Sumpf ab. Und

tatsächlich liegt der Ort mitten im Sumpfgebiet, das in früheren Jahrhunderten für den Reisanbau trockengelegt wurde. Während unten in der Ebene und am Strand die Ortsteile Masos de Pals und Platja de Pals liegen, thront der älteste, mittelalterliche Ortsteil wie eine Festung auf dem Hügel Mont Aspre.

Im 9. Jh. erstmals urkundlich erwähnt – Ausgrabungen förderten sogar noch sehr viel ältere Knochenfunde zu Tage –, grüßt schon von Weitem die Torre de les Hores, der runde Stundenturm, aus der Zeit der Romanik als Wahrzeichen des Orts. Drumherum reihen sich dicht an dicht die steinernen Zeugen des Mittelalters samt Stadtmauer aneinander. Wer durch die oft von Arkaden überdeckten Gassen den Berg hinaufsteigt, entdeckt die tausendjährige Kirche Sant Pere mit ihren verschiedenen, sich überlagernden Stilen, schöne Brunnen, weitere eckige Wehrtürme, die Plaça Major und so manchen gotischen Adelspalast. Die reiche Verzierung mit steinernen Balkonen und kunstvollen Türstürzen lässt auf den Reichtum der früheren Bewohner schließen.

An Stelle der einstigen Burg aus dem 9. Jh., von der nicht viel mehr als der Turm übriggeblieben ist, steht heute ein Privathaus. Hier kann man vom Mirador Josep Pla den Blick über die Landschaft des Baix Empordà bis hin zu den Medes-Inseln schweifen lassen.

Peratallada

Auch Peratallada, das nur wenige Kilometer von Pals entfernt ein Stück weiter im Landesinneren liegt, weist eine wunderbar geschlossene mittelalterliche Dorfanlage auf.

Der Name *Peratallada* bedeutet so viel wie »behauener Stein«, und tatsächlich besteht mehr oder weniger das ganze Dorf aus bearbeitetem Naturstein. Ringsum war es von einer dreifachen Stadtmauer umgeben, von der sich einige Teile erhalten haben. So gehörte Peratallada zu den am besten gesicherten Orten der Gegend. Neben

mehreren Türmen und einer Kirche hat sich auch das Castell, die Burg, erhalten. Sie geht mindestens auf das Jahr 1065 zurück, wurde aber später durch Anbauten in anderen Stilen ergänzt. Um sie herum verteilen sich enge Gassen mit niedrigen Arkaden und Torbögen, die sich hin und wieder zu kleinen Plätzen öffnen und den Blick auf mehrere Wehrtürme freigeben.

Etwas außerhalb des Dorfkerns steht die romanische Kirche Sant Esteve mit ihrer rechteckigen Fassade, in der einer der mittelalterlichen Barone der Gegend, Gilabert de Cruïlles, begraben liegt. In der warmen Jahreszeit gibt Peratallada die stimmungsvolle Kulisse für Kräuter- und Handwerkermärkte (letzter Sonntag im April und an allen Samstagen im Juli und August) und einen Mittelaltermarkt (im Oktober) ab.

Ansonsten sorgt fast ausschließlich der Tourismus für Leben: In der kleinen Häuseransammlung lassen sich mindestens ein Dutzend Lokale, knapp zehn Beherbergungsbetriebe und genügend Läden mit Töpferwaren finden.

Für den Hunger zwischendurch

An Lokalen herrscht in beiden Orten kein Mangel, doch bei dem touristischen Durchgangsverkehr ist ein gewisse Portion Skepsis angebracht. Nichts falsch machen kann man im Restaurant des **Hostals La Riera** [1] in Peratallada, wo ein Essen ca. 30 € kostet, die Tagesmenüs aber wesentlich günstiger sind. Das Restaurant **Can Bonay** [2] mit traditioneller katalanischer Küche birgt immerhin ein kleines Weinmuseum in seinem Keller (Plaça les Voltes 13, Tel. 972 63 40 34, www.bonay.com, Essen um 30 €, günstige Tagesmenüs). In Pals empfiehlt sich das Restaurant **El Pedró** [3]

(Placeta d'en Bou 29, Tel. 972 63 69 83, www.elpedropals.com) mit traditioneller katalanischer Küche. Neben Mittagsmenüs für ca. 13 € gibt es Feinschmeckermenüs mit regionalen Reisspezialitäten, Wein und Kaffee für ca. 30 €.

Gut gebettet

Als Aufenthaltsort eignet sich eher Peratallada, wo es vor allem abends und nachts wesentlich ruhiger zugeht. Neben dem stilvollen **Hostal La Riera** [1] (Plaça les Voltes 3, Tel. 972 63 41 42, www.lariera.es, DZ ab 65, Frühstück 5, HP für 2 Pers. ab 100 €), mit gutem Restaurant und hübschem Garten empfiehlt sich die geschmackvolle Bed-and-Breakfast-Adresse **Ca L'Aliu**  in einem Gebäude aus dem 18. Jh. mit Hof und Garten (Carrer de la Roca 6, Tel. 972 63 40 61, www.calaliu. com, DZ mit Frühstück ab 65 €). In Pals wohnen die meisten lieber in Strandnähe. Wer dennoch in die ländliche Atmosphäre eintauchen möchte, kann sich auf dem wunderbar restaurierten Landsitz **Can Poch** einquartieren, der nur wenige Kilometer vom historischen Ortskerns entfernt liegt (Puig Roig 6, Tel. 972 63 63 98, www. canpoch.com, DZ ab 60 €). Sehr viel feudaler ist das **Landhotel Mas Roig** mit gutem Restaurant in einem Gebäude aus dem 17. Jh. an der Straße von Pals nach Torroella de Montgrí 17 (Tel. 972 63 73 63, www.hotelmasroig. com, DZ ab 110, Frühstück 15, HP 33 €).

Tipp

Wer auf den Geschmack gekommen ist, sollte sich auch in anderen mittelalterlichen Dörfern der Gegend wie Vulpellac, Canapost, Palau-Sator, Sant Feliu de Boada, Torrent oder Ullastret umsehen. Sie sind nicht ganz so bedeutend, dafür aber weniger touristisch. Weiter nördlich gruppieren sich weitere Mittelalterperlen um Figueres herum. Besonders schön sind Vilabertrán mit dem Kloster Santa Maria, Castelló d'Empúries und Peralada mit dem gleichnamigen Schloss.

Ein katalonienweit einmaliges Spektakel kann man in der Osterzeit im mittelalterlichen Ort Verges bei Torroella de Montgrí erleben: Hier führen traditionell am Gründonnerstag Laienschauspieler auf der Plaça Major, dem Hauptplatz, Passionsspiele in prächtigen Kostümen auf. Sie beginnen um Punkt 22 Uhr. Um 24 Uhr setzt sich dann ein Prozessionszug in Bewegung, der bis in die frühen Morgenstunden durch die engen Gassen zieht. Angeführt wird er von einer Gruppe, die als Skelette verkleidet ist und zu mystischer Trommelmusik die Dança de la Mort, einen Totentanz, aufführt. Da die Zahl der Schaulustigen von Jahr zu Jahr größer wird, sollte man sich sehr frühzeitig einen Platz sichern.

stück 170 bis 365 €. Pompöses 4-Sterne-Resort am Golfplatz. Großzügige Gartenanlage mit Lagunenschwimmbad.

Traumhaftes Landhotel – **Hotel Mas de Torrent**: Finca Mas del Rei, Torrent, Tel. 902 55 03 21, www.mastorrent.com, DZ 275–430 €. Aus alten Gemäuern aus dem 18. Jh. wurde ein erstklassiges 5-Sterne-Hotel voll erlesener Antiquitäten, mit beheiztem Schwimmbad, Gourmetrestaurant mit exzellenter Küche und hochmoderner Spa.

Camping Cypsela: Rodors 7, Platja de Pals, Tel. 9/2 66 76 96, www.cypsela.com, Mitte Mai–Sept., Parzelle mit Auto 23–40, pro Pers. 6,25, Zelt 1,50 €. Vielfach ausgezeichneter Luxus-Campingplatz mit Friseur und Reitmöglichkeiten 1,5 km vom Strand entfernt.

Essen und Trinken

Paradies für Feinschmecker – **Sa Punta**: Platja de Pals, Urbanizació Sa Punta, Tel. 972 66 73 76, Degustationsmenü 55 €. Mit seinen Kreationen wie mit Fischmousse gefüllten Zucchini-Blüten und delikaten Desserts hat es das Restaurant schon zum Michelin-Stern gebracht.

Infos und Termine

Oficina de Turisme: Aniceta Figueres 6, Pals, Tel. 972 66 78 57, und Plaça Major 7, Tel. 972 63 73 80, www.pals.es. Im Juli/August findet in der Pfarrkirche ein **Musikfestival** mit klassischer Musik statt.

Begur ▶ H 7

Obwohl der charmante Ort mit seinen ca. 4000 Einwohnern nicht direkt am Wasser liegt, ist er eine beliebte Sommerfrische der Katalanen. Für eine ganz besondere Atmosphäre sorgen die vielen Verteidigungstürme und die vielen Häuser im Kolonialstil, die sich die sogenannten Indianos bauen ließen, die im 19. Jh. nach Kuba emigriert und dort zu Reichtum gekommen waren. Über dem Ort thronen die Ruinen einer Burg, von der man einen herrlichen Blick auf die Küste, Cap de Begur und die Medes-Inseln hat. Anders als Pals ist das Städtchen trotz seiner Monumente recht lebendig geblieben. Vom Ortszentrum geht es sternförmig mit dem Auto oder auch zu Fuß zu einigen der schönsten Buchten der Costa Brava, **direkt 11** ▶ S. 76.

Historisches Zentrum

Das Wahrzeichen Begurs ist die weithin sichtbare mittelalterliche Burgruine, die zuletzt während der Napoleonischen Kriege 1810 zerstört und 1956 instandgesetzt wurde. Im Zentrum sticht neben mehreren Verteidigungstürmen aus dem 16. Jh. wie der Torre de Can Marquès die schlichte Kirche St. Pere hervor, die schon 1190 existiert haben soll, aber erst im 17. und 18. Jh. erweitert wurde. Schöne Beispiele für die Häuser im Kolonialstil mit ihren Arkaden sind die Casa Pere Roger, die Casa de Josep Forment und die Casa Josep Pi Carreras.

Übernachten

Direkt am Wasser – **Hotel Sa Riera:** Sa Riera, Tel. 972 62 30 00, www.sariera.com, Ende April–Mitte Okt., DZ mit Frühstück 86–114, HP für 2 Pers. 110–140 €. Gepflegtes 2-Sterne-Hotel mit Garten und Schwimmbad. Geräumige Zimmer, z. T. mit Balkon und Meerblick.

Zwischen Pinien – **Camping El Maset:** Platja de Sa Riera, Tel. 972 62 30 23, www.campingelmaset.com, April bis Sept., Auto 4,60–10,50, Pers. 5,75–8,50, Zelt ab 3,75 €. Nur 300 m vom Strand entfernt liegt dieser Campingplatz erster Kategorie. Schwimmbad, Basketball- und Fuß- ▷ S. 79

11 | Am Cap de Begur – zu Fuß von Begur nach Aiguablava

Karte: ▶ H 7 | **Start:** Parkplatz Sot d'en Ferrer in Begur

Rings um das Cap de Begur verstecken sich einige der atemberaubendsten Buchten der wilden Küste. Zu einigen gelangt man nur per Boot oder zu Fuß. Ein besonders schönes Erlebnis ist die Wanderung von Aiguafreda nach Aiguablava. Sie ist nicht ganz leicht, dafür liegen am Weg vom »Kalten Wasser« zum »Blauen Wasser« – so die wörtliche Übersetzung ihrer Namen – einzigartige Aussichtspunkte und reizvolle Badestellen, an denen man die müden Beine erfrischen kann.

Weitwanderweg GR 92 und Camí de Ronda

Mit genügend Zeit und Kondition kann man die ganze Costa Brava auf dem Weitwanderweg GR 92 von Norden nach Süden ablaufen. Einen guten Einblick in die abwechslungsreiche Landschaft gibt einem die ca. 11,5 km lange Strecke von Begur über Aiguafreda nach Aiguablava, die zu den schönsten Abschnitten des Wanderwegs gehört. Allerdings ist sie recht anspruchsvoll, da sie bis auf 500 m hinaufführt und z. T. auf steilen Pfaden verläuft. Einige Abschnitte der Wanderung verlaufen auf dem Weitwanderweg

76

GR 92, andere auf den lokalen Rundwanderwegen, den sogenannten Camins de Ronda, die entlang der Ortschaften die Küste säumen. Wer die Tour abkürzen will, kann sich auch mit dem Taxi direkt an die Küste nach Sa Tuna oder Aiguafreda fahren lassen. Um an den Ausgangspunkt zurückzugelangen, muss man evtl. ein Taxi rufen. Ohne Pausen braucht man ca. 4 Std., doch sollte man genügend Zeit für ein Picknick oder ein erfrischendes Bad einplanen – und vor allem, um die herrlichen Ausblicke genießen zu können.

Start in Begur
Ausgangspunkt ist der große Parkplatz Sot d'en Ferrer in **Begur** 1 . Läuft man von hier aus ein kleines Stück auf der Landstraße in Richtung Aiguafreda, zweigt links der Camí Vell, der alte Weg, nach Sa Tuna ab. Während man mehrmals die Straße und kleine Siedlungen kreuzt, geht es kontinuierlich bergab in Richtung Küste. Schon bald erreicht man **Sa Tuna** 2 , eine der malerischsten Buchten der ganzen Küste. Um den ca. 100 m langen Sandstrand herum gruppieren sich ein paar Häuser, zwei Restaurants und das hübsche kleine Hotel Sa Tuna – eine wahre Postkartenidylle. Bevor man von hier aus gen Süden wandert, sollte man noch ein Stück auf dem Rundwanderweg Camí de Ronda in nördlicher Richtung laufen und einen Blick in die Bucht von **Aiguafreda** 3 werfen. Sie besteht hauptsächlich aus flachen ockerfarbenen Felsen und ein Picknickplatz mit Tischen und Bänken unter schattigen Pinien lädt zum Verweilen ein. Am nördlichen Ende verunstaltet der riesige Hotelkomplex Cap Sa Sal die Landschaft, der inzwischen leer steht und seines Schicksals harrt.

Von Sa Tuna zum Cap de Begur
Zurück in Sa Tuna, steigt am südlichen Ende der Bucht der Camí de Ronda in einen Pinienwald auf. Auf schmalem Pfad führt er hoch über dem Meer an der immer steileren, zerklüfteten Küste entlang, wobei sich fantastische Ausblicke eröffnen. Nach dem Aussichtspunkt Mirador de Sant Josep und einem ebenso wilden wie einsamen Abschnitt geht es zur Siedlung La Borna. Über ein Stück asphaltierte Straße und einen sich anschließenden Sandweg gelangt man zur Abzweigung, wo es zum **Cap de Begur** 4 geht. An dem grandiosen Aussichtspunkt mit Blick über die wilde, windumtoste Küste steht noch das sogenannte Semàfor-Gebäude von 1891, das in früheren Zeiten als Wetterstation und Leuchtturm diente.

Vom Cap nach Aiguablava
Zurück an der Abzweigung geht es wieder ein Stück auf asphaltierter Straße, bis links ein von zwei vertikalen Fahnen markierter Weg in südlicher Richtung abzweigt. Er führt über terrassierte Hänge auf den Hügel Puigsaguardia hinauf. Anschließend fällt der Weg steil ab, bis man zu einem weiteren Aussichtspunkt, dem Mirador de Aiguablava gelangt. Von hier aus ist es nicht mehr weit zur **Platja Fonda** 5 : Unterhalb einer von Pinien gesäumten Felswand liegt ein ca. 160 m langes Stück Strand mit fast dunkelgrauem Sand. Noch einmal geht es ein kurzes Stück auf Asphalt bis zu einem Privatgrundstück, wo der schmale Weg Rec ses Gralles zwischen Häusern und Abhang in den alten Camí de Ronda mündet. Der Küstenweg führt in südlicher Richtung zur Siedlung von **Fornells** 6 , wo das türkisblaue Wasser gleich mehrere kleine Buchten umspült – die Cala de n'Estasia, die Cala de Ses Orats, die Cala d'en Malaret und den Port d'Esclanyà. Außerdem kündigt hier das aus mehreren Gebäuden bestehende Hotel Aiguablava bereits die gleichnamige und letzte Bucht der Wanderung an. Während es noch ein paar Mal auf und ab so-

wie durch ein Stück Tunnel geht – hier muss man immer wieder aufpassen, dass man nicht in einem der vielen Privatgrundstücke landet –, erreicht man schließlich den 90 m langen, goldgelben Sandstrand von **Aiguablava** 7 , um den sich ein paar Restaurants und ein (z. T. kostenpflichtiger) Parkplatz gruppieren. Von hier verkehrt in unregelmäßigen Abständen ein Bus nach Begur (vorher in der Touristeninformation erfragen!), ansonsten muss man mit dem Taxi zurück.

Infos

Faltblätter, die über die Wanderwege informieren, sind bei der **Touristeninformation von Begur** 8 (Av. Onze de Setembre 5, Tel. 972 62 45 20, www. begur.org/turisme) erhältlich. Man kann sie auch im Internet herunterladen. Unterwegs ist der Weg gut ausgeschildert, doch sollte man sich vorab nach Transfermöglichkeiten erkundigen.

Achtung

Familien mit kleinen Kindern ist von der Tour generell abzuraten. Neben einigen sehr gefährlichen Stellen dürfte sie auch von der Länge her nicht infrage kommen. Anstelle der langen Tour könnte man es z. B. mit dem Weg von Sa Tuna nach Aiguafreda versuchen, für den man nur ca. 40 Min. braucht. Für etwas Geübtere würde sich der etwa zweistündige Weg von Aiguablava nach Fornells empfehlen.

Ausrüstung

Generell erfordert die Wanderung mit einigen schwierigen Abschnitten und sehr steilen Wegstücken Trittsicherheit, festes Schuhwerk und eine gute Kondition. Beschwerlich wird sie zudem bei großer Hitze oder starkem Wind. Auf keinen Fall Sonnenschutz und ausreichend Getränke vergessen! Auch Proviant sollte man dabeihaben – zumindest außerhalb der Saison, wenn die meisten Lokale an den Buchten geschlossen sind. Im Übrigen bieten sich einige reizvolle Stellen geradezu an für ein Picknick mit Panoramablick.

Für den Hunger zwischendurch

Traumhaft gelegen ist das Restaurant des **Hotels Sa Tuna** 1 mit guten Fischgerichten und Paellas (Essen ca. 30 €), preiswerter ist das benachbarte Restaurant **Ca l'Adela** 2 (Tel. 972 62 36 95), wo es Menüs für ca. 16 € gibt. In Aiguablava unterhält der Parador am Strand das Restaurant **Mar i Vent** 3 (Tel. 972 62 43 00, Essen um 30 €).

Gut gebettet

Wer Luxus sucht, hat in Aiguablava bzw. Fornells die Qual der Wahl: Soll es der ganzjährig geöffnete **Parador** 1 sein, der hoch auf der Punta d'Es Muts mit fantastischem Ausblick über die Küste thront (Tel. 972 62 21 62, www.para dor.es, DZ ohne Frühstück ab 150 €)? Oder das traditionsreiche **Hotel Aiguablava** 2 mit seinen vielfältigen Sportmöglichkeiten und dem elegantem Restaurant (Tel. 972 62 20 58, www.aigu ablava.com, DZ mit Frühstück ab 175 €)? Ganz anders das kleine – und nicht weniger empfehlenswerte – **Hotel** in **Sa Tuna** 3 : Es hat nur fünf stilvolle Zimmer, die dem Strand so nah sind, dass man vom Bett aus das Meer rauschen hört (Tel. 972 61 21 98, www.hostelsatuna.com, DZ mit Frühstück ab 120 €). Eine schöne Alternative mit ebenfalls fünf Zimmern ist das etwas vom Strand entfernte **Hotel Sa Rascassa** 4 in Aiguafreda, das in einem ehemaligen Kloster untergekommen ist und über ein schönes Restaurant verfügt (Tel. 972 62 28 54, www.hostelsaras cassa.com, DZ mit Frühstück ab 75 €).

ballplatz, Kinderspielplatz. Auch Vermietung von Bungalows (50–130 €).

Im denkmalgeschützten Palast – **Hotel Aiguaclara:** Sant Miquel 2, Tel. 972 62 29 05, www.aiguaclara .com, DZ 100–175 €. Die sympathischen Besitzer haben es verstanden, das Gebäude von 1866 im Kolonialstil mit neuem Leben zu füllen. In den individuell eingerichteten Zimmern und Salons fühlt man sich sofort zuhause. Gemütliches Restaurant und kleiner Garten.

Essen und Trinken

Mehr als Pizza – **La Pizzeta:** Ventura Sabater 2, Tel. 972 62 38 84, nur Ostern und Sommer, 15–20 €. Auf der schönen Terrasse wird vegetarische und internationale Küche serviert. Besonders lecker ist die Pizza mit *samfaina* (eine Art Ratatouille).

Authentisch katalanisch – **Can Torrades:** Concepció Pi i Tató 5, Tel. 972 62 28 81, im Winter nur am Wochenende, ca. 30 €. Spezialität sind Fisch und auf Holzkohle gegrilltes Fleisch und Gemüse.

Sport und Strände

Strände: Auf kurvenreichen Straßen erreicht man die Buchten von Sa Riera, Aiguafreda, Sa Tuna, Fornells und Aiguablava, an denen z. T. auch einige schöne Hotels und Restaurants liegen (s. S. 78).

Yachthafen Aiguablava: Tel. 972 62 24 49, 62 Plätze.

Abends und Nachts

Can Marc: Creu 6, April–Okt. In dieser Diskothek vergnügt sich auch die reifere Jugend.

Love Carpas Begur: Ctra. Begur–Regencós, km 1. Pavillon-Diskothek am Ortseingang.

La Lluna: Pi i Tató 7, nur Sa/So. Gemütliche Bar, in der man sich gern auf ein Gläschen trifft. Weitere Bars lassen sich im Carrer Pi i Ralló finden.

Infos und Termine

Oficina de Turisme: Av. Onze de Setembre 5, Tel. 972 62 45 20, www.visitbegur.com.

Um den 29. Juni und 3. So im Sept.: **Festa de la Santa Reparada** mit Sardana und Havaneres-Konzerten. Am 1. Septemberwochenende wird die **Fira d'Indians** gefeiert, die mit Märkten, Havaneras-Gesängen und geführten Rundgängen an die sogenannten Kuba-Seefahrer erinnern.

Palafrugell ▶ G/H 8

Hauptattraktion des Orts mit ca. 60 000 Einwohnern sind die am Strand liegenden Ortsteile Llafranc, Calella und Tamariu. Hier machen vor allem Katalanen in ihren Wochenendhäusern oder in familiär geführten Mittelklassehotels Urlaub – auch das Angebot an guten Lokalen ist groß. Allerdings hat hier alles seinen Preis. Als Geburtsort von Josep Pla spielt das Städtchen jedoch für die Katalanen eine wichtige Rolle. Der Journalist und Schriftsteller hat in seinen Werken detailliert die Landschaft, die Küche und die Gebräuche der Costa Brava beschrieben.

Fundació Josep Pla

Nou 49–51, Mitte Juni–Mitte Sept. Mo–Fr 9–13, 17–20.30, Sa 10–13, 17–20.30, So 10–13; sonst Mo–Fr 9–13, 16–18.30, Sa 9.30–13, 17–20, So 10–13 Uhr

Rund um das Geburtshaus von Josep Pla wurde eine Gedenkstätte eröffnet, die über Leben und Werk des wohl bekanntesten Schriftstellers der Costa Brava informiert. In der Bibliothek werden auch Ausstellungen organisiert.

Korkmuseum

Die Korkverarbeitung war früher an der Costa Brava ein bedeutender Wirtschaftszweig. Die Ausstellung des Museu del Suro beleuchtet die Herstellung verschiedener Korkprodukte. Zurzeit wegen Umzug geschlossen.

Calella de Palafrugell

Besonders malerisch ist Calella mit seinen weißen Arkaden, die die Uferpromenade säumen. Sie sind auch die Kulisse für das alljährlich im Juli stattfindende Havaneres-Fest. Zigtausende reisen an, um den nostalgisch-melancholischen Liedern der Kuba-Seefahrer zuzuhören, die verschiedene Männerchöre darbieten. Schön ist es, auf den Rundwegen, den *Camins de ronda*, von einem Ort zum anderen zu wandern. Hauptattraktion ist ansonsten der Botanische Garten Jardí Botànic de Cap Roig, April–Sept. 9–20, Okt. bis März 9–18 Uhr. In den 1920er-Jahren um ein Kastell herum entstandene, wunderschöne Gartenanlage im Renaissancestil. Im Sommer findet hier das **Festival de Jazz Costa Brava** statt.

Llafranc

Mit nur ca. 300 Einwohnern besteht Llafranc hauptsächlich aus einigen guten Hotels, Restaurants und ein paar Apartmenthäusern zwischen Pinienwald und Sandstrand. Hoch über dem Ort erhebt sich auf 165 m Höhe über Llafranc der Leuchtturm Sant Sebastiá. Schon in der Antike sollen Wachposten von hier aus das Meer um das gleichnamige Cap beobachtet haben. Auf den Resten des Wachturms wurde im 18. Jh. eine Kapelle mit Herberge errichtet. Inzwischen ist aus ihr ein stilvolles Luxushotel geworden. Die Sicht entlang der zerklüfteten Küste bis zum Montgrí-Massiv ist einmalig.

Tamariu

Als kleinster der drei Ortsteile besteht Tamariu aus einer hübschen Bucht, um die herum sich ein paar weiße Häuser gruppieren. Ihren Namen hat er von den Tamarinden, die neben Pinien und Felsen das Wasser säumen. Im Sommer füllt sich die Bucht schnell mit Menschen, sodass man nur auf den Wanderwegen Ruhe findet. Umso einsamer ist es hier in der Vor- und Nachsaison.

Übernachten

Für Musikfreunde – **Hotel Llafranch:** Pg. Cipsela 16, Llafranc, Tel. 972 30 02 08, www.hllafranch.com, DZ 80 bis 220 €. Im legendären 3-Sterne-Hotel finden am Wochenende Flamenco- und Jazzkonzerte statt. Gutes Restaurant mit Terrasse an der Strandpromenade.

Traumlage – **El Far:** Muntanya de Sant Sebastià, Llafranc, Tel. 972 30 16 39, www.elfar.net, DZ mit Frühstück 180–315 €. Luxusherberge aus dem 18. Jh. neben dem ehemaligen Leuchtturm mit neun Zimmern hoch über dem Meer, eins schöner als das andere! Mit gutem Restaurant.

Mit schönem Panorama – **Hotel Sant Roc:** Plaça Atlàntic 2, Calella, Tel. 972 61 42 50, www.santroc.com, Mitte März–Okt., DZ 112–180, mit HP 164–310 €. Das Schönste an diesem 3-Sterne-Haus ist die schattige Terrasse mit Blick auf die Bucht. Stilvolle Zimmer, zwei Restaurants und eine Cocktailbar im Garten.

Nettes Traditionshaus – **Hotel Tamariu:** Pg. del Mar 2, Tamariu, Tel. 972 62 00 31, www.tamariu.com, März bis Anf. Dez., DZ mit Frühstück 100–190, AP 130–230 €. Gepflegtes Haus an der Bucht mit Gartenterrasse, auch Zimmer mit Balkon zum Meer, gute Küche. In der Hochsaison oft ausgebucht.

Im Grünen – **Camping La Siesta:** Autovia Palafrugell–Calella, km 2, Tel. 972 61 51 16, www.campinglasiesta. com, Ostern–Sept., Parzelle 12–40, Person und Auto 3–6,50 €. Campingplatz erster Kategorie mit Bungalows und großem Pool.

Essen und Trinken
Schöne Strandterrasse – **Tragamar:** Platja del Canadell, Calella, Tel. 972 61 43 36, Di, Jan. und Nov. geschl., ca. 25 €. Besonders Reis- und Fischgerichte, aber auch Nudeln mit Algen werden in ungezwungener Atmosphäre serviert. Probieren Sie mal das Mango-Carpaccio mit Vanilleeis!
Raffinierte Marktküche – **Hotel Llevant:** Francesc de Blanes 5, Llafranc, Tel. 972 30 03 66, Nov. geschl., 35–50, Tagesmenü 25 €. Im gediegenen Hotel mit schöner Terrasse. Sehr gute Salate, Fisch- und Reisgerichte.
Am Wasser – **Can Maset:** Pg. del Mar 25, Tamariu, Tel. 972 62 00 47, 15 bis 25 €. Frische Tintenfische, Sardinen, Salate, auch Kleinigkeiten auf der Terrasse.

Abends und Nachts
Ü 20 – **Discoteca New Arena:** Carretera Vella de Calella 6, Juni–Okt. Anders als in den übrigen Diskotheken am Ort trifft man hier auch Menschen über 20. Mit Restaurant.

Sport und Aktivitäten
Yachthafen: Llafranc, Tel. 972 30 07 54, 140 Anlegestellen.
Tauchen: Stolli's Tauchbasis, Pg. del Mar, Tamariu, Tel. 972 62 02 45, www.stollis-divebase.en. Deutschsprachige Tauchschule mit Materialverleih und Tauchgängen; Poseidon Nemrod Diving, Port del Pelegrí, Calella, Tel. 972 61 53 45. Material und Tauchexkursionen zum Wrack von Palamós oder zum Cap von Begur (auch deutschsprachig), Snorkel Diving Center, Avinguda del Mar, Llafranc, Tel. 972 30 27 16, www.snorkel. net. Kurse, Ausrüstung und Tauchgänge in der weiteren Umgebung.

Infos und Termine
Oficina de Turisme: Palafrugell, Hall Teatre Municipal, Palafrugell, Tel. 972 61 11 72 und Carrilet 2, Tel. 972 30 02 28; Calella, Les Voltes 4, Calella, Tel. 972 61 44 75; Llafranc, Pg. Cypsela, Tel. 972 30 50 08; Tamariu, Riera, Tel. 972 62 01 93, www.visitpalafrugell.cat. In Palafrugell ziehen an **Pfingsten** von Faschingstrupps begleitete, geschmückte Karossen durch den Ort. In der Pfarrkirche werden oft Konzerte mit klassischer Musik veranstaltet. Um den **24. Juni** feiert Calella seine *festa major*. Am **1. Juliwochenende** wird in Calella das große **Havaneres-Fest** gefeiert. Im Botanischen Garten Cap Roig von Calella findet im **Hochsommer** das **Festival de Jazz Costa Brava** statt.

Girona ▶ D 7

Die lebendige Provinzhauptstadt blickt mit ihren knapp 100 000 Einwohnern auf eine 2000-jährige Geschichte zurück. Die Außenbezirke wirken wenig einladend, umso malerischer ist die Altstadt am Onyar-Fluss mit dem Klein-Venedig. Sie birgt nicht nur die mächtige Kathedrale und andere Monumente aus dem Mittelalter, neben den Spuren aus römischer und arabischer Zeit versteckt sich hier auch der Call, das mittelalterliche Judenviertel mit seinem **Museum** **1**, **direkt 12|** S. 84. Als Universitätsstadt hat Girona kulturell viel zu bieten. Zugleich zeugen die eleganten Geschäfte, Cafés und Restaurants vom Wohlstand der Stadt. Einen guten Überblick über die monumentale Altstadt bekommt man beim Rundgang auf der Stadtmauer.

Kathedrale **2**
Plaça Catedral, April–Okt. Mo–Sa 10 bis 20, So und Fei 10–14, Nov.–März. Mo–Sa 10–19, Do und Fei 10–14 Uhr

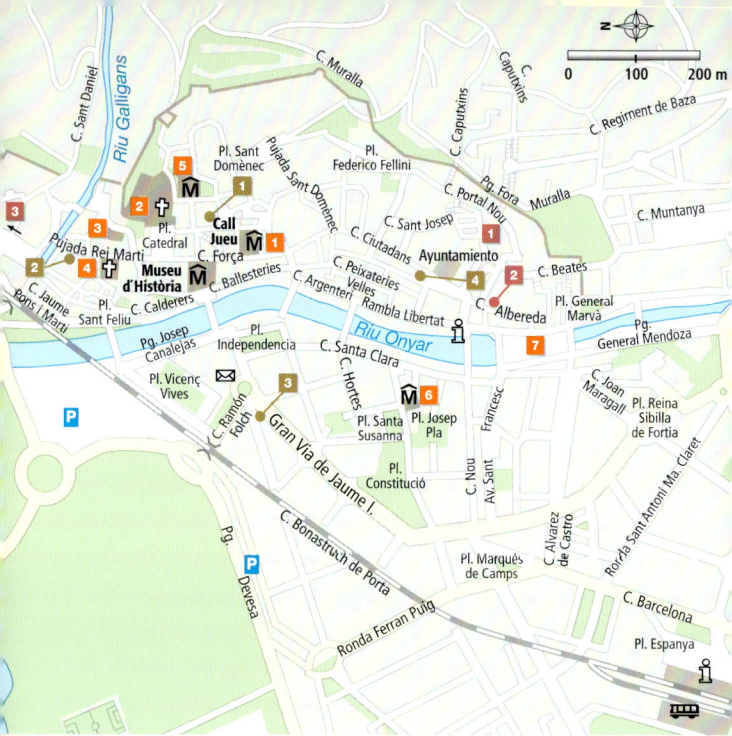

Girona

Sehenswert

1 Museu d'Història dels Jueus

2 Kathedrale

3 Banys Àrabs

4 Església Sant Feliu

5 Museu d'Art

6 Museu del Cinema

7 Plaça Catalunya

Übernachten

1 Hostal Bellmirall

2 Hotel Llegendes Catedral

3 Hotel Ultonia

4 Jugendherberge Cerveri de Girona

Essen und Trinken

1 La Penyora

2 Albereda

3 El Celler de Can Roca

Schon von Weitem zu sehen ist die Kathedrale. Eine ausladende Treppe mit 90 Stufen führt zur gotischen Fassade hinauf. Sehenswert sind auch der romanische Kreuzgang und das Dommuseum mit dem Schöpfungsteppich.

Banys Àrabs 3

Rei Ferran el Catòlic, April–Sept. Mo–Sa 10–19, So 10–14.
Die sogenannten ›Arabischen Bäder‹ mit Caldarium, Tepidarium und Frigidarium stammen aus dem 12. Jh.

Església Sant Feliu 4

Plaça St. Feliu.
In der Stiftskirche aus dem 13. bzw. 16. Jh. überlagern sich romanischer, gotischer und barocker Baustil. Im Presbyterium befinden sich frühchristliche Grabstätten aus dem 3. und dem 4. Jh.

Museu d'Art 5

Schräg gegenüber der Kathedrale, März–Sept. Di–Sa 10–20, Do und Fei 10–14, Okt.–Feb. Di–Fr 10–18, Sa 10–20, So 10–14 Uhr.
Kunstmuseum mit sakraler Kunst vom Mittelalter bis zum 16. Jh.

Museu del Cinema 6

Sèquia 1, Mai/Juni, Sept. Di–Sa 10 bis 20, So 11–15, Juli/Aug. tgl. 10–20, Okt.–April Di–Fr 10–18, Sa 10–20, So 10–15 Uhr.
Die Sammlung Tomàs Mallol lädt im Kinomuseum zu einer Reise durch die Geschichte der bewegten Bilder ein.

Übernachten

Charmantes Kleinod – **Hostal Bellmirall** 1: Bellmirall 3, Tel. 972 20 40 09, DZ mit Frühstück 65–85 €. Sieben Zimmer mit viel Atmosphäre in alten Gemäuern.

Stilvolles Altstadthotel – **Hotel Llegendes Catedral** 2: Portal de la Barca 4, Tel. 972 22 09 05, www.llegendeshotel.com, DZ ab 100 €. Neues Haus (4 Sterne) nahe der Kathedrale. Spezialangebote für Radfahrer, Golfer und Gourmets.

Zentral und günstig – **Hotel Ultonia** 3: Gran Via Jaume 1, Tel. 972 20 28 50, www.hotelhusaultonia.com, DZ ab 70 €. Große Zimmer, moderner 3-Sterne-Komfort, auch Konferenzräume.

In der Altstadt – **Jugendherberge Cerveri de Girona** 4: Dels Ciutadans 9, Tel. 972 21 80 03, www.xanascat.cat, ÜF Erw. 19 €. 1990 eingeweihte Jugendherberge in einem ehemaligen Bürgerhaus. Mit Bibliothek und Wäscherei.

Essen und Trinken

Raffinierte Marktküche – **La Penyora** 1: Nou del Teatre 3, Tel. 972 21 89 48, 30–40 €. Köstlichkeiten mit frischen Zutaten, z. T. arabisch angehaucht.

Traditionell katalanisch – **Albereda** 2: Albereda 7, Tel. 972 22 60 02, So/Mo, in der Osterwoche und im Aug. geschl., Gerichte 40–70, Essen mit Wein um 50, Menüs ab 30 €. Die verfeinerten Rezepte kann man sich im eleganten Ambiente schmecken lassen.

Kulinarische Höhenflüge – **El Celler de Can Roca** 3: Can Sunyer 48, Tel. 972 22 21 57, www.cellercanroca.com, Degustationsmenüs ab 95 €. Weihnachten, Karwoche, So und Mo geschl. Zu Recht vielfach ausgezeichnet, wurde das Restaurant 1986 mit seiner Seezunge in Knoblauch-Rosmarin-Vinaigrette berühmt.

Einkaufen

Zu beiden Seiten des Onyar-Flusses locken vor allem schöne Schuh- und Bekleidungsgeschäfte zum Bummeln und Shoppen. Markttag ist am Samstag.

Sport

Girona ist Knotenpunkt der Vias Verdes, der grünen Fahrradwege, die von den Pyrenäen an die Küste führen. Wer will, kann von hier aus etwa nach Sant Feliu de Guíxols radeln (**direkt 13** S. 89).

Infos und Termine

Oficina de Turisme: Joan Maragall 2, Tel. 872 97 59 75, Punt de Benvinguda, Berenguer Carnicer 3, www.girona.cat/turisme. An der **Karfreitagsprozession** in der Altstadt nehmen um die 100 Darsteller in Kostümen der Miliz des kaiserlichen Roms teil. In der **zweiten Maihälfte** schmücken große **Blumenausstellungen** die gesamte Stadt. Bei dem Festival religiöser Musik (*Festival de Músiques Religioses*) treten im Juni/Juli Künstler aus aller Welt in der Kathedrale oder in den Kreuzgängen auf. Im Okt. zieht die **Oldtimer-Rallye Costa Brava** mit Vehikeln aus der Zeit vor 1930 durch die Stadt.

12 | Der Call von Girona – Abstecher in die jüdische Geschichte

Karte: ▶ D 7 | **Start:** Plaça Catalunya **7**

Mitten in der malerischen Altstadt von Girona versteckt sich eins der ersten jüdischen Ghettos Europas. Von der Zeit um 900 an lebte hier mehrere Jahrhunderte lang eine bedeutende Gemeinschaft von sephardischen Juden – bis sie 1492 von der Inquisition vertrieben wurden. Seitdem das Call genannte Viertel restauriert wurde, macht das Museum mit Synagoge und Ritusbädern ein bedeutendes Stück Geschichte erfahrbar.

Eine gut versteckte Stadt in der Stadt

Auch wenn der Call Jueu, das Judenviertel, nicht weit von der **Kathedrale 2** (s. Cityplan S. 82) entfernt ist, lässt es sich nicht ohne Weiteres finden. Von der zentralen **Plaça Catalunya 7** aus läuft man zunächst auf der Rambla Llibertat am Fluss entlang, bis es rechts

um die Ecke geht. Danach führt die zweite Querstraße links, der Carrer de la Força, in ein Labyrinth enger Altstadtgassen. Dort, wo sie immer enger und dunkler werden, zweigt links der Carrer de Sant Llorenç ab. Ein paar Schritte über die schmale Treppe, dann öffnet sich die Straße zu einem hübschen Innenhof mit Zitronenbäumchen und Café-Terrasse. Hier, im ehemaligen Wohnhaus des jüdischen Gelehrten Nahmànides, schlägt das Herz des Call. Im Mittelalter befand sich dort die erste kabbalistische Schule der Iberischen Halbinsel. Doch in der Francozeit war sie ebenso verwahrlost wie der Rest des zugemauerten Viertels. Erst nachdem prominente Gäste wie Leonard Bernstein darauf aufmerksam wurden, wurde das mehrstöckige Gebäude sorgsam restauriert. Wo sich einst die Synagoge mit Ritusbädern befand, erzählt heute das Museum mit alten Schriftstücken, Pergamenten, Stadtmodellen, Grabsteinen, Münzen, Kleidung und anderen Exponaten die lange Geschichte der Juden von Girona.

Girona – das geistiges Zentrum der katalanischen Sepharden

Fast 600 Jahre lang war der Call – das Wort leitet sich vom hebräischen *Kahal* für »Gemeinschaft« ab und hat sich später für die jüdischen Viertel Kataloniens eingebürgert – ein wichtiges Zentrum der Sepharden, der aus Südwesteuropa stammenden Juden.

Auch in anderen Orten, z. B. in Castelló d'Empúries, Pals oder Torroella de Montgrí, gab es jüdische Gemeinschaften mit Synagogen und eigenen Friedhöfen. Doch Girona war das geistige Zentrum. Bereits 888 legten hier erste Familien unter dem Schutz des Grafen Dela den Grundstein zur späteren Aljama, in der zeitweise an die 1000 Menschen wohnten. Als Handwerker, Händler, Ärzte und Bankiers trugen sie erheblich zum Wohlstand der Stadt bei. Sie wirkten aber vor allem als Theologen und Schriftgelehrte.

Wo die erste hebräische Grammatik entstand

Vom späten Mittelalter an wurde von Girona aus kabbalistisches Gedankengut verbreitet. Hier wurde die Kabbala überhaupt erstmals schriftlich fixiert –

Übrigens: Nachdem der Call von Girona erfolgreich wiederbelebt wurde, gibt es nun auch Versuche, den Call von Barcelona, der in nächster Nähe zur Plaça de Sant Jaume im Gotischen Viertel liegt, mit neuem Leben zu füllen. Dazu hat sich die Vereinigung Call de Barcelona gegründet, die das jüdische Viertel verschönern, mit Infotafeln ausstatten und besser dokumentieren will.

als Nebenprodukt entstand die erste hebräische Grammatik.

Exponent der Sepharden-Gemeinschaft war Nahmànides. Der 1194 in Girona geborene Arzt, Philosoph und Talmudist war Großrabbi von Katalonien. König Jaume I. rief ihn sogar zum Disput nach Barcelona, wo er seine Religion mit Bravour gegen einen zum Christentum konvertierten Juden verteidigte. Doch die wirtschaftliche und kulturelle Blüte, die die Juden der Stadt bescherten, weckte auch Neid. So wurden sie in Krisenzeiten schnell zum Sündenbock für alle Übel. Nach und nach lösten Diskriminierung und spätere Ghettoisierung das harmonische Zusammenleben mit der christlichen Bevölkerung ab, bis die Inquisition schließlich zur endgültigen Vertreibung der Sepharden führte.

Infos

Das **Museu d'Història dels Jueus** **1** (Força 8, Tel. 972 21 67 61, www.ajunta ment.gi/call, Mai–Okt. Mo–Sa 10–20, So 10–15, Nov.–April Mo–Sa 10–18, So 10–15 Uhr) bietet auch Führungen in spanischer, katalanischer und englischer Sprache sowie auf Anfrage auch in anderen Sprachen an. Außerdem gibt es Audioguides in verschiedenen Sprachen. Im Innenhof des Museums lockt ein Café mit einer sehr hübschen Terrasse.

Tipp

Besonders stimmungsvoll sind die Konzerte, die hier in der warmen Jahreszeit im Innenhof des Museums stattfinden.

Die südliche Costa Brava von Palamós bis Blanes

Palamós ► G 9

In der Kleinstadt Palamós mit ca. 14 300 Einwohnern geben das rege Wirtschaftsleben in den Häfen und der Fischfang noch stärker als der Tourismus den Ton an. Das zeigt auch das Denkmal *A la gent del mar* an der Strandpromenade, das den Fischern und deren Familien gewidmet ist. Mit seiner guten Infrastruktur empfiehlt sich der Ort für Wassersportler und alle, die Ruhe suchen.

Museu de la Pesca

Moll Pesquer/Plaça Paisos Catalans, www.museudelapesca.org, Mitte Juni bis Mitte Sept. tgl. 10–21, sonst Di–Sa 10–13.30, 15–19, So 10–14 Uhr
Wie sehr die Stadt mit dem Fischfang verbunden ist, kann man nicht nur an der täglich am Nachmittag stattfindenden Fischversteigerung sehen, inzwischen wird der traditionelle Broterwerb der Einwohner auch in einem Museum dokumentiert.

Übernachten

Familiäre Atmosphäre – **Hostal Residencia Catalina:** Foment 16, Tel. 972 31 43 86, www.hostalcatalina. com, März–Dez., DZ mit Frühstück 50 bis 80 €. 22 ruhige Zimmer mit Balkon und TV, gutes Frühstück. Unter deutscher Leitung.

Am Strand La Fosca – **Hotel Ancora:** Josep Pla, Tel. 972 31 48 58, www.ho telancora.net, DZ 80–130 €., im Juli und Aug. nur HP ab 150 € für 2 Pers. Gepflegtes 3-Sterne-Hotel mit Garten, Schwimmbad, Tennisplatz, Parkplatz und gutem Restaurant.

Lange Tradition – **Hotel Trias:** Pg. del Mar, Tel. 972 60 18 00, www.hoteltrias. com, DZ mit Frühstück 100–150 €. 3-Sterne-Hotel mit sehr stilvollen, auch behindertengerechten Zimmern, Garten, Tennisplatz und Schwimmbad. Elegantes Restaurant.

Viel Komfort – **Camping Palamós:** Carr. de la Fosca 12, Tel. 972 31 42 96, www.campingpalamos.com, April bis Sept., Parzelle 7,80–22, Pers. 6,30 bis 8,10, Bungalows ab 50 €. An der schönen Bucht La Fosca gelegen. Viel Grün, Schwimmbad, Tauchen, Fischen und anderer Wassersport, Tennisplatz, Kinderspielplatz.

Essen und Trinken

Garnelen und mehr – **La Gamba:** Plaça Sant Pere 1, Tel. 972 31 46 33, ca. 50 €. Wie der Name schon verheißt, gibt es hier köstliche Meeresfrüchte und frischen Fisch direkt von der Fischbörse in Palamós. Auch gute Crèpes.

Schöne Gewölbe – **L'Arcada:** del Pagès Ortiz 49, Tel 972 31 51 69, ca. 45 €. Erstklassige katalanische Küche mit viel Fisch.

Sport und Aktivitäten

Schöner als der Hauptstrand von Palamós sind die zu Fuß oder mit dem Auto zu erreichenden Buchten Platja de Castell, La Fosca und vor allem die Cala Estreta. Einen Abstecher lohnen die Felsbuchten Cala Margarida und Cala S'Alguer.

Yachthafen: Marina de Palamós, Tel. 972 60 10 00, 867 Liegeplätze; Club Nàutic Costa Brava, Tel. 972 31 43 24, 300 Liegeplätze.

Segeln: Vela Nómada Yacht Club: Josep Pla, Tel. 696 95 44 00. Kurse, Ausflüge und Bootsverleih.

Infos und Termine

Oficina de Turisme: Pere Joan 44, Tel. 972 60 05 00, www.palamos.cat. Mitte Juli werden zu Ehren der **Verge del Carme Prozessionen** auf dem Meer veranstaltet. Außerdem finden das ganze Jahr über Konzerte im Teatre la Gorga statt.

Platja d'Aro ▶ G 9

Die Geschichte des Ferienorts mit seinen kilometerlangen Stränden ist kurz, aber heftig. Was ursprünglich nur der Hafen des 3 km entfernten Castell d'Aro war, hat sich in wenigen Jahrzehnten mit seinen ca. 6 500 Einwohnern in eine Art Las Vegas verwandelt. Die Hauptstraße scheint ein einziges Einkaufszentrum zu sein, die Bars, Restaurants, Hotels und Diskotheken schieben sich bis an den goldgelben kilometerlangen Sandstrand heran. Wer auf Strand- und Nachtleben aus ist, ist hier richtig. Ganz anders ist das Ambiente im Ortsteil S'Agaró, wo alle Zeichen auf Luxus stehen. Wahrzeichen von Platja d'Aro ist das Cavall Bernat, ein vielbesungener Felsen am nördlichen Strandende.

Castell d'Aro und S'Agaró

Wesentlich authentischer als Platja d'Aro ist der sehr viel ältere Ortsteil Castell d'Aro, der ein Stück weiter landeinwärts liegt und auch mit dem Bus zu erreichen ist. Hier stehen die Pfarrkirche Santa Maria aus dem 11. Jh. und die mittelalterliche Burg (*Castell*), die dem Ort seinen Namen gegeben hat. Der Besuch lohnt und die Touristeninformation bietet kostenlose geführte Touren dorthin an. Auf diese Weise kann man auch S'Agaró und seine Geschichte kennenlernen – der Ortsteil am südlichen Ende von Platja d'Aro ist ein klassisches Villenviertel mit herrschaftlichen Häusern wie dem Hotellegende Sa Gavina. Im Hotel S'Agaró finden im Sommer auch die »Nits musicals« mit klassischen Konzerten statt (Tel. 972 32 52 00, www.hotelsagaro.com).

Übernachten

Preiswerter Komfort – **Hotel Planamar:** Av. de la Pau 1, Tel. 972 81 71 77, www.planamar.com, DZ mit Frühstück 60–120 €. Freundliches Haus mit Garten, Pool und Whirlpool. Auch auf Behinderte eingestellt. Gutes Restaurant. Unbedingt Zimmer mit Meerblick und Balkon verlangen!

Luxusoase im Grünen – **Silken Park Hotel Sant Jorge:** Ctra. de Palamós, Tel. 972 65 23 11, www.hoteles-silken. com/park-hotel-san-jorge-platja-daro, März–Okt., DZ 125–165, HP 165–315 €. Elegantes 4-Sterne-Hotel an wunderschöner Bucht. Mit großzügigen Gartenanlagen, Schwimmbad und Spa. Spezielle Angebote für Golfer.

Legendäre Institution – **Hostal de la Gavina:** Plaça Rosaleda, Tel. 972 32 11 00, www.lagavina.com, DZ ab 250 €. Das 5-Sterne-Hotel, in dem schon immer die Schönen und Reichen – z. B. Frank Sinatra oder Ava Gardner – abgestiegen sind, hat stark zum Renommee der Costa Brava beigetragen. Ein hochherrschaftlicher Rahmen, in dem es an nichts fehlt. Elegante Restaurants, Spa mit Hallenbad, schöne Gartenanlagen.

Essen und Trinken

Klassisch katalanisch – **Aradi:** Av. Cavall Bernat 76, Tel. 972 81 73 76, um 30 €. Elegantes Lokal mit Terrasse an der Straße nach Palamós, das seine Gäste seit Jahrzehnten mit vorzüglichen Pilz- und Wildgerichten, Fisch und Meeresfrüchten verwöhnt.

Mediterranes Ambiente – **Can Poldo:** Punta d'en Ramis 17, Tel. 972 81 73 08, Menüs ab ca. 20 €. Innen und auf der schönen Terrasse werden köstliche Reisegerichte und Spezialitäten wie *Suquet de peix* (Fischeintopf) serviert.

Sport und Aktivitäten

Auf den 2 km langen Hauptstrand folgen in nördlicher Richtung die Buchten Cala Rovira, die Cala Sa Voca, Cala del Pi und Cala d'es Canyers. In südlicher Richtung erreicht man auf dem Camí de Ronda den schönen Strand Sa Conca bei S'Agaró und die Cala Pedrosa.

Yachthafen: Port d'Aro, Tel. 972 81 89 29, 839 Liegeplätze. Mit Segel- und Surfschule.

Wasserpark: Aquadiver, Carretera de Circunvalació, Tel. 972 81 87 32, Juni bis Mitte Sept. 10–18.30 Uhr. Wellenbad, Riesenrutschen, Wildwasserkanäle usw.

Golf: Club de Golf d'Aro Mas Nou, bei Mas Nou, Tel. 972 82 69 00. Mehrfach ausgezeichneter 18- und 9-Loch-Platz, auf dem Meisterschaften ausgetragen werden; Club de Golf Costa Brava, bei Santa Cristina d'Aro, Tel. 972 83 71 50. Relativ flacher 18-Loch-Platz in Santa Cristina d'Aro; Pitch & Putt Platja d'Aro, Les Suredes, Tel. 972 81 98 20.

Einkaufen

Freitag ist Markt auf dem Parkplatz Masia Bas.

Abends und Nachts

Atyco: Av. Cavall Bernat 44, Tel. 972 813 20. Die pyramidenförmige, blau bemalte Diskothek erfreut sich bei jungem Publikum großer Beliebtheit. Ansonsten findet man rund um die Strandpromenade und die Avinguda S'Agaró jede Menge Bars und Clubs wie das Loft, das Marius oder das Malibú.

Infos und Termine

Oficina de Turisme: Mossén Jacint Verdaguer 11, Tel. 972 81 71 79, www.platjadaro.com.

Schiffstouren: Viajes Marítimos, Am Pg. Marítim, Tel. 972 36 90 95. Fahrten nach Tossa, Lloret, Blanes usw. Der **Karneval von Platja d'Aro** ist einer der größten Spaniens. Im Hochsommer findet das **Internationale Musikfestival in S'Agaró** statt. Außerdem ist **Platja d'Aro** für seine Krippenspiele in der Vorweihnachtszeit bekannt.

Sant Feliu de Guíxols ► F 10

Die ehemals heimliche Hauptstadt der Costa Brava (ca. 22 000 Einwohner) mit ihrem Handelshafen wirkt heute etwas angestaubt. Doch hat sie ihren eigenen Charme. Vor allem rund um die Platja de Sant Pol und die Strandpromenade Passeig del Mar, wo sich schöne Jugendstilhäuser wie das Casino dels Nois von 1889 oder die Casa Patxot aneinanderreihen. Eine besondere Perle ist das mittelalterliche Benediktinerkloster, das auch so etwas wie das kulturelle Zentrum der Stadt ist. Südlich schließt sich einer der spektakulärsten Abschnitte der Costa Brava an, der auf der Küstenstraße nach Tossa zu erschließen ist (s. S. 94). Zugleich beginnt bzw. endet hier der Fahrradweg Via Verde nach Girona, **direkt 13▸** S. 89.

Museu d'Història/Monestir

Plaça Monestir, Juli/Aug ▷ S. 92

13 | Auf dem grünen Weg – per Fahrrad von Girona nach Sant Feliu

Karte: ▶ D 7–F 10 | **Start:** Straße Emili Grahit im Zentrum von Girona

Eine gute Idee, die inzwischen auch anderswo Schule macht: In Spanien wurden stillgelegte Bahntrassen in Fahrradwege und alte Bahnhofsgebäude in Fahrradstationen verwandelt. Einige davon lassen sich auch in Katalonien finden. So kann, wer will, von den Pyrenäen bis zum Mittelmeer radeln. Eine schöne und relativ leicht zu befahrende Strecke ist die ca. 40 km lange Ruta del Carrilet II, die von Girona nach Sant Feliu de Guíxols führt und auf dem Weg zur Küste kleine Kirchen, mittelalterliche Dörfer und andere Sehenswürdigkeiten passiert.

Die Ruta del Carrilet II

Dort, wo früher die Schmalspurbahn zwischen Provinzhauptstadt und Küste verkehrte, lässt sich heute auf breiten, z. T. asphaltierten Wegen bequem in die Pedale treten. Da es in dieser Richtung kaum Steigungen gibt und es stattdessen meist leicht bergab geht, eignet sich die Strecke auch für Familien mit Kindern. Zudem ist unterwegs für reichlich Abwechslung gesorgt: Mal wollen neugierige Kühe und Schafherden bewundert werden, mal laden Kirschbäume oder Brunnen zur kurzen Erfrischung ein. Dann wiederum kann man eine schöne Plaça Major mit Arkaden oder die wohlgeformte Apsis eines romanischen Kirchleins entdecken. Wer kein eigenes Fahrrad mitbringt, findet in Girona und an der Küste Verleihstellen, die z. T. auch den Transport organisieren. Außerdem verteilen sich über die Strecke mehrere Fahrradstationen, die über einen Reparaturservice verfügen.

Streckenverlauf von Girona nach Sant Feliu

Ausgangspunkt ist die Straße Emili Grahit im Zentrum von **Girona** 1 nahe am Fluss Onyar. Von hier aus geht es zum

Die südliche Costa Brava von Palamós bis Blanes

Viertel Creueta, wo die Route zunächst auf einem geraden Bahndamm am Onyar-Fluss entlangläuft. Über die alte Eisenbahnbrücke führt der Weg durch ein Pinienwäldchen zum alten Bahnhof von **Quart 2**. Im Inneren des Gebäudes finden Ausstellungen statt, in der Nähe gibt es auch eine BTT-Fahrradstation. Nach 500 m erreicht man eine neue Unterführung, die weitere 500 m später wieder zur alten Bahntrasse und wenig später zum restaurierten Gebäudeensemble am Bahnhof von **Llambilles 3** führt.

Weiter geht es durch ein Waldstück nach **Cassà de la Selva 4**. Hier ist nach ca. 14 km der mit 130 Höhenmetern höchste Punkt der Strecke erreicht. Von nun an geht es meist gemächlich bergab, mal durch Felder, mal über den Verneda-Bach, und schließlich zum alten Bahnhof von **Llagostera 5**. Früher mussten sich die Fahrradfahrer hier die Landstraße mit Autos teilen, jetzt führt ein neu angelegter Fahrradweg an ihr entlang, sodass man hin und wieder auch einen Blick auf die umliegenden Berge riskieren kann, ohne Angst haben zu müssen, überfahren zu werden. Nach der Kreuzung mit der Landstaße C 250 kommt man an den Ruinen eines alten Bahnwärterhäuschens vorbei. Hier zweigt links der wohl schönste Teil der Strecke ab: Dichte Wälder aus mediterranen Stein- und Korkeichen säumen den ca. 4 km langen Weg bis zum Bahnhof **Font Picant–Bell-Lloc 6**, der zu Recht »schöner Ort« genannt wird – hier sollte man sich Zeit lassen und noch einmal alles bewusst genießen, bevor sich die Landschaft zu weiten Wiesen öffnet.

Nach rund 3 km gelangt man auf schönen Wanderwegen zum Städtchen **Santa Cristina d'Aro 7** mit dem gleichnamigen Bahnhof, in dem sich eine Touristeninformation befindet. Es folgt ein Stück asphaltierter Fahrradweg, schon kommt man in **Castell d'Aro 8** mit seiner Burg an. Zwar wurde der Zugbetrieb hier vor mehr als 30 Jahren eingestellt, doch heute verkehrt an der Haltestelle eine kleine Bummelbahn. Schließlich fährt man über den Ridaura-Fluss in Richtung **Sant Feliu de Guíxols 9**, wo nach einer letzten kurzen Steigung bald der goldene Sandstrand von Sant Pol vor einem liegt.

Infos

Informationen und Routenbeschreibungen lassen sich im Internet unter www.viasverdes.com finden. Auch die **Touristeninformationen**, z. B. in **Girona** (Joan Maragall 2, Tel. 872 97 59 75, www.girona.cat/turisme) oder **Sant Feliu de Guíxols** (Placa del Mercat 28, Casa de Gareta, Tel. 972 82 00 51, www.guixols.net), geben Auskunft.

Fahrradverleih und -transport

Sowohl in Girona als auch an der Küste gibt es Fahrradverleihstellen, die über eine mehr oder weniger große Auswahl an Mountainbikes verfügen und z. T. auch den Rücktransfer oder spezielle Touren organisieren. Über eine besonders große Auswahl an Fahrrädern verfügt die Firma **Cicloturisme 10** in **Girona** (Impressors Oliva 4A, Tel. 972 22 10 47, www.cicloturisme.com), die gleich neben dem Busbahnhof liegt und auch den Rücktransport übernimmt. Außerdem bietet das **Girona Cycle Centre 11** (Portal de la Barca 12, Tel. 659 26 66 11, www.gironacyclecentre.com) unter dem Motto »City Breaks« die komplette Organisation von Touren auf den Vias Verdes einschließlich Abholung vom Flugzeug und Unterbringung in einem fahrradfreundlichen Betrieb an. In Sant Feliu de Guíxols bietet der Fahrradverleih **Dojo Sant Feliu** 12 neben Rädern geführte Touren an (Rambla Joan Bordàs 32, Tel. 972 32 11 46, www.lloguerde bicicletes.splay.cat).

Für den Hunger zwischendurch

An der Wegstrecke liegen allerlei Restaurants. Gute Grillgerichte bietet z. B. das Restaurant **Font Picant** 1 bei Bell-Lloc/Santa Cristina d'Aro (Tel. 972 83 33 50, www.fontpicant.cat, Hauptgerichte ab 9 €).

Anschlussrouten

Wem die Strecke von Girona nach Sant Feliu nicht ausreicht, kann bereits in den Pyrenäen starten. Zunächst geht es auf der Ruta del Ferro i del Carbó (Eisen- und Kohleroute) von Ripoll mit

seinem romanischen Kloster an Sant Joan de les Abadesses vorbei nach Olot. Dort schließt sich die etwa 54 km lange Via Verde del Carrilet I an, die durch das Vulkangebiet der Garrotxa nach Girona führt.

Achtung

In Spanien herrscht für Fahrradfahrer außerhalb geschlossener Orte Helmpflicht. Daran sollte man sich – nicht nur wegen der drohenden Strafen bei Verstößen – halten. Auch empfiehlt sich eine gut sichtbare Fahrradkleidung, da die Autofahrer hier noch immer nicht an den Umgang mit Fahrradfahrern gewöhnt sind. Im Übrigen sollte man genügend Flüssigkeit dabeihaben und sich auch vor Sonneneinstrahlung schützen.

Die südliche Costa Brava von Palamós bis Blanes

Mo–Sa 10–13, 17–20, So 10–13 Uhr, freier Eintritt
Hauptsehenswürdigkeit von Sant Feliu ist das zu Ehren des hier ertränkten hl. Felix erbaute Benediktinerkloster, von dem vor allem die Kirche aus dem 14. Jh. erhalten ist. An der eindrucksvollen Porta Ferrada (›Eiserne Pforte‹) aus dem 10. Jh., einer Art Arkadengalerie vor der Kirche, findet im Sommer das Internationale Musikfestival statt. Im Innern – einem Teil des Stadtmuseums – sind neben Kunstwerken vom Mittelalter bis zum 18. Jh. auch die archäologischen Fundstücke von Ausgrabungen einer iberischen Siedlung zu sehen, die sich hier befand. Ein weiterer Teil des Stadtmuseums ist der Seenotrettung (Salvament Marítim) gewidmet (Pujada Guíxols, Tel. 972 82 04 09, Juni–Sept. Fr bis So 10–14 Uhr).

Museu d'Història de la Joguina
Rambla Vidal 48–50, Juni–Sept. tgl. 10–13, 17–20, Mitte Sept.–Mitte Juni Di–Fr 10–13, 16–19, Sa/20, So 11–14 Uhr
Hier wird die ganze Geschichte des Spielens anhand von historischem Spielzeug erzählt. Ein Großteil der mehr als 3000 Objekte umfassenden Sammlung Tomás Pla stammt aus der Zeit, in der fast alles aus Blech gemacht wurde.

Ermita de Sant Elm
Die beste Aussicht über Sant Feliu und die zerklüftete Küste bis zum Cap de Begur hat man von der Einsiedelei Sant Elm auf dem 100 m hohen Puig Castellar. An diesem Punkt soll der katalanische Journalist Ferran Agulló 1908 die Küste »Costa Brava« getauft haben.

Übernachten
Schöne Jugendstilvilla – **Hostal del Sol**: Ctra. a Palamós 194, Tel. 972 32 01 93, www.hostaldelsol.es, DZ mit Frühstück 76–105, Menü 10 €. Freundliches 3-Sterne-Hotel an der Bucht zwischen S'Agaró und Sant Feliu mit Garten und Schwimmbad.

Traumlage – **Eden Roc**: Port Salvi, Tel. 972 32 01 00, www.caproig.com, Jan. geschl., HP 46–100 € pro Pers. Komfortables Haus an der kleinen Bucht Port Salvi. Mit Tennisplatz, Pool, Sauna, Whirlpool. Kurgästen steht auch das Gesundheitszentrum unter ärztlicher Leitung zur Verfügung. Großes Wassersportangebot.

Kuraufenthalte – **Curhotel Hipócrates**: Ctra. de Sant Pol 229, Tel. 972 32 06 62, www.hipocratescurhotel. com, Feb.–Anf. Nov., 6 HP 420 bis 600 € pro Pers. Traditionsreiches Haus mit umfangreichen Wellness-Einrichtungen und -Behandlungen.

Essen und Trinken
Leckere Kleinigkeiten – **Eldorado pintxos**: Rambla Vidal 17, Tel. 972 32 29 96, Essen 10–15, Menü 12 €. Wenn es nicht unbedingt das große Menü sein soll, wird man von 8–23 Uhr mit guten Tapas, Salaten und anderen Gerichten versorgt. Mit Terrasse.

Mit Panoramablick – **El Dorado Mar**: Pg. Irla, 15, Tel. 972 32 62 86, ca. 35 €. Köstliche Fischspezialitäten, gute Weine, auch auf der Sommerterrasse am Strand.

Kreative Raffinessen – **Can Salvi**: Pg. del Mar 23, Tel. 972 32 10 13, Essen 40, Mittagsmenüs 12/17 €. In mediterranem Ambiente tischt Quimet Clarà schwarzen Reis mit Tintenfisch, Seeteufel mit dicken Bohnen oder gratinierte Seeigel auf.

Sport und Aktivitäten
Strände: Schöner als der Hauptstrand am Passeig del Mar ist die im Norden angrenzende Platja de Sant Pol. Von

dort führt ein schöner Wanderweg zur Bucht La Conca.

Yachthafen: Tel. 972 32 17 00, 260 Liegeplätze. Auch Segelschule.

Kajaks: Kayak Center Guíxol, Platja de Sant Feliu, Tel. 667 76 91 80.

Bootsverleih: Costa Màgica, beim Yachthafen, Tel. 972 32 33 07.

Tauchen: Eden Roc Diving Center, Av. Platja d'Aro, beim Hotel (s. o.), Tel. 972 32 36 63, auch Tauchgänge zu den Riffen zwischen St. Feliu und Tossa.

Segeln und Surfen: Escola de vela, Platja de Sant Pol, Tel. 609 07 09 96.

Wandern: In der Touristeninformation gibt es Faltblätter mit Wander- und Fahrradtouren.

Einkaufen

Jeden Sonntag findet auf dem Marktplatz und vor dem Rathaus der Wochenmarkt statt.

Infos und Termine

Oficina de Turisme: Plaça del Mercat 28, Tel. 972 82 00 51, www.guixols.cat. Das Fremdenverkehrsamt organisiert Stadtrundgänge auf Katalanisch, Spanisch, Französisch und Englisch, auch Ausflüge nach Romanyà de la Selva oder S'Agaró.

Schifffahrten: Viajes Marítimos, Hauptstrand, Tel. 972 36 90 95, nach Tossa, Lloret, Blanes und in andere Orte.

Feste und Unterhaltung

Weithin bekannt ist Sant Feliu für sein Internationales Musikfestival im Juli/Aug., das im Kloster stattfindet. Seine *festa major* feiert Sant Feliu in der ersten Augustwoche. Im Sept. werden *havaneres*-Abende am Strand veranstaltet.

Ausflüge

Caldes de Malavella: Dass Wellness auf uralte Traditionen zurückgeht, da-

von kann man sich in den Jugendstil-Thermen in Caldes de Malavella ca. 20 km südlich von Girona überzeugen. Schon die Römer wussten die Thermalquellen zu schätzen, heute tanken Stressgeplagte in den renovierten Kuranlagen neue Lebensenergie. Gemütlicher als das etwas steife Kurhotel Vichy Catalan (Pg. Doctor Faust, 32, Tel. 972 47 00 00, www.balneariovichycatalan.com, DZ 60–230 €) ist das ebenfalls mit 3-Sterne-Komfort ausgestattete Balneari Prats (Pl. Sant Esteve 7, Tel. 972 47 00 51, www.balneariprats.com, DZ mit VP 160–200 €).

Tossa de Mar ▶ F 11

Tossa (ca. 7000 Einwohner) hat sich auch als großes Touristenzentrum noch einiges von der Atmosphäre bewahren können, die Künstler wie Marc Chagall faszinierte – für den Maler war es ein »blaues Paradies«. Zwar wird es im Hochsommer mitunter recht voll, doch bilden die von der Altstadt über der Stadtmauer eingerahmte Bucht und die Hotelbauten eine relativ harmonische Einheit. Schon früh wurde versucht, durch eine solide Infrastruktur mit Grünzonen und sauberen Straßen dem Billigtourismus entgegenzuwirken. Früher als anderswo wehte an den Stränden auch die blaue Fahne der EU. Rundum liegen einige der schönsten Buchten der Costa Brava, die u. a. über die Küstenstaße nach Sant Feliu oder per Schiff zu erreichen sind, **direkt 14**▶ S. 94.

Vila Vella **1**

Nicht umsonst steht die mittelalterliche Altstadt unter Denkmalschutz: Die kleinen Gassen und Treppen aus Naturstein, die von einer Mauer aus dem 12. Jh. umgeben sind, haben die Unbilden der Zeit gut überstanden. An der ▷ S. 96

14 | Cala-Hopping – mit dem Auto von Sant Feliu nach Tossa

Karte: ▶ F 10/11

Zwei Dinge braucht man für diese Tour: ein Auto und einen Fotoapparat. Denn einerseits ist hier einer der wildesten Abschnitte der Costa Brava, andererseits bewegt sich die Landstraße so nah an der Küste, dass man das Panorama sozusagen auf dem Silbertablett serviert bekommt. Während man auf kurvenreicher Straße an der Steilküste entlangfährt, jagt ein spektakulärer Ausblick den nächsten. Zwischendurch laden einige traumhafte Strände und Buchten zum Baden ein.

20 km auf der Landstraße GI 682

Es sind nur gut 20 km, aber die haben es in sich: rundum zerklüftete, von Pinien spärlich bewachsene Felslandschaft, gegen die das wütende Meer peitscht. Nach jeder zweiten Kurve stockt einem der Atem. Und man sollte schon einigerma-

ßen schwindelfrei sein, wenn man die Strecke genießen will. An den markantesten Stellen laden *miradors* – Aussichtspunkte – zum Aussteigen ein, damit man das Panorama in Ruhe auf sich wirken lassen kann. Auch zum Baden besteht immer wieder Gelegenheit. Zwischen den wilden Gesteinsmassen verstecken sich sogar einige der schönsten Strände der Küste. Die Strecke auf der GI 682 beginnt in **Sant Feliu de Guíxols** ■. Schon nach wenigen Kilometern liegen links der Straße die ersten Strände: die **Platja de Canyet** ■ und die **Platja de Canyerets** ■, die über die Siedlung Rosamar zu erreichen sind, dann folgt die **Platja del Senyor Ramón** ■. Es lohnt, bei entsprechendem Badewetter die etwa 1 km lange, steile Straße bei km 35 zur Küste hinunterzufahren und die – in der Hochsaison hohen – Parkgebühren zu entrichten. Denn der Nacktbadestand, der vor der Bebauung bewahrt werden konnte, gehört mit seinem groben, goldgelben Sand zu den schönsten der Costa Brava. Wenig später passiert die Straße die eher steinige **Platja de Vallpresona** 5, die sich in einem tiefen Taleinschnitt versteckt, und die zur gleichnamigen Urbanisation gehörende **Cala Salionç** 6, die im Sommer schnell überfüllt ist. Statt direkt hinunterzufahren, sollte man sich vom Aussichtspunkt aus unbedingt alles von oben ansehen und vielleicht einen Abstecher zur **Ermita de Sant Grau** 7 machen – die neogotische Wallfahrtskirche aus dem 19. Jh. bietet einen schönen Blick aus 360 m Höhe. Nach dem **Cap Pentiner** 8 und einem weite-

ren *mirador* erreicht man bei km 28 die Bucht **Cala Giverola** 9, die samt dem angrenzenden Hügel mehr oder weniger vom Clubhotel Giverola belegt wird. Ein Stopp zum Baden empfiehlt sich höchstens in der Nebensaison, ohnehin ist hier nur schwer ein Parkplatz zu finden. Die enge Nachbarbucht Cala Pola füllt wiederum ein Campingplatz aus, sodass auch hier das Baden nur eingeschränkt möglich ist. Nach der engen Steinbucht **Cala Bona** 10 und einem letzten *mirador* erreicht man nach weiteren 3 km schließlich **Tossa de Mar** 11.

Achtung
Wer unter Reiseübelkeit leidet, sollte die vielen Serpentinen besser meiden oder evtl. vorher eine Tablette nehmen. Zudem muss man in der Hochsaison genügend Zeit und Geduld mitbringen – auf der kurvenreichen Straße staut sich mitunter der Verkehr oder es geht nur sehr langsam vorwärts, weil die Fahrer unterwegs die Aussicht genießen wollen.

Tipp
Neben einer Kamera lohnt es auch, einen Picknickkorb dabeizuhaben – wenn auch das Wetter vielleicht nicht zum Baden einlädt, kann man zumindest an einer der Buchten eine Pause einlegen. Wenn kein allzu starker Wind weht, wird man kaum schönere Ausblicke finden.

Baden
Besonders schön zum Baden ist die Nacktbadebucht Platja del Senyor Ramón, die auf etwa 1 km langer Fahrt zu erreichen ist. Wer den Strandbesuch mit einer Wanderung verbinden will, kann auch zur paradiesischen Bucht **Futadera** 12 zwischen der Cala Salionç und der Cala Giverola hinuntersteigen. Oft hat man den ca. 100 m langen, von Felsen eingerahmten Naturstrand mit sei-

nem türkisblauen Wasser für sich allein. Der Zugang über Treppen zweigt an einem Tor bei km 29 ab. Das Auto sollte man vorsichtig an der Straße parken.

Gut gebettet
Wer gleich hierbleiben möchte, der ist beim komfortablen **Vaya Camping** 1 auch ohne Ausrüstung willkommen, da neben Schwimmbad und Tennisplatz vollständig eingerichtete Zelthäuser bereitstehen (km 4, Cala Pola, Tel. 972 34 10 50, www.vayacamping.net, Ende Mai–Sept., Parzelle 16–25, pro Pers. 4,30–6,70 €).

Tossa de Mar

Sehenswert
1 Villa Vella
2 Museu Municipal

Übernachten
1 Hotel Florida
2 Mar Menuda
3 Hotel Diana

Essen und Trinken
1 Bahia
2 Castel Vell

Ausgehen
1 Bar Vila Vella
2 El Pirata

Sport und Aktivitäten
1 Centro de
  Submarinismo
2 Caiacs Nicolau
3 Club Aire Libre
4 Esqui acuàtic
5 Jimbo Bikes

Plaça Pintor Roig i Soler und der Ruine einer gotischen Kirche vorbei steigt man zum Leuchtturm hinauf, wobei man immer wieder schöne Ausblicke auf Tossa und das Meer hat. An der Avinguda del Palagrí liegen indessen die Reste der Villa romana, einer römischen Siedlung aus dem 1. bis 5. Jh.

Museu Municipal **2**
Plaça Roig i Soler 1, Juni–Sept. Di–Sa 10–20, So/Mo 10–14, Okt.–Mai Di bis Sa 10–14, 16–18, So 10–14 Uhr.

Von archäologischen Fundstücken bis zur modernen Kunst beherbergt das verschachtelte Museum viel Sehenswertes. In der Sammlung internationaler Maler des 20. Jh. findet sich auch »Der himmlische Violinist« von Chagall.

Übernachten
Mit Terrassen-Spa – **Hotel Florida 1**: Av. de la Palma 21, Tel. 972 34 03 08, www.hotelflorida.biz, April–Okt., DZ mit Frühstück 70–100 €. Modernisiertes 3-Sterne-Haus mit ca. 50 geräumigen

Zimmern. Kleiner Pool mit Blick auf die römischen Ausgrabungen. Parkplatz.

Schön gelegen – **Mar Menuda** 2: Platja Mar Menuda, Tel. 972 34 10 00, www.hotelmarmenuda.com, DZ mit Frühstück 80–170 €. Best-Western-Hotel mit gutem Preis-Leistungs-Verhältnis. Moderne, auch behindertengerechte Zimmer. Große Gartenterrasse mit beheiztem Schwimmbad.

Für Gaudí-Fans – **Hotel Diana** 3: Plaça d'Espanya 6, Tel. 972 34 18 86, www.diana-hotel.com, DZ 90–190 €. An dem 2-Sterne-Hotel im Jugendstil am Strand haben Schüler Gaudís mitgewirkt. Individuell eingerichtete Zimmer. Das Frühstück wird im hübschen Innenhof serviert.

Essen und Trinken

Traditionslokal – **Bahía** 1: Pg. del Mar 19, Tel. 972 34 03 22, ca. 25 €. Gute Fischgerichte mit Blick auf die Bucht.

An der Stadtmauer – **Castell Vell** 2: Plaça Roig i Soler 2, Tel. 972 34 10 30, Mo (außer Juli, Aug.) und Mitte Okt. bis April geschl., 25–40 €. Elegantes Restaurant mit schöner Panoramaterrasse. Vorzügliche Fischgerichte.

Sport und Aktivitäten

Gleich neben dem Hauptstrand liegen die schöne Platja Mar Menuda und die Platja d'Es Codolar. Neben den Buchten in nördlicher Richtung locken im Süden die Cala Llevadó, Platja de Llorell, Platja de Porto Pi und Cala Morisca.

Tauchen: Centro de Submarinismo 1: Platja Mar Menuda, Tel. 689 78 51 68; Water Sports Centre, Cala Llevadó (Richtung Lloret), Tel. 972 34 18 66; Andrea's Diving, Av. Sant Raimon de Penyafort 11, Tel. 972 34 20 26

Kajaks: Caiacs Nicolau 2: Platja Mar menuda, Tel. 972 34 26 46

Wasserski, Segeln, Windsurfen:

Club Aire Libre 3: Cala Llevadó, außerhalb (Richtung Lloret), Tel. 972 34 12 77, www.clubairelibre.com.

Esqui acuàtic 4: am Hauptstrand und am Strand Porto Pi, Tel. 972 34 08 34. Wasserski, Parasailing.

Radfahren: Jimbo Bikes 5: Rambla Pau Casals 12, local 4t, Tel. 972 34 30 44

Wandern: Das Fremdenverkehrsamt gibt Faltblätter mit Wanderrouten aus. In ca. 4 Std. kann man z. B. auf dem Weitwanderweg GR 92 nach Lloret de Mar laufen.

Einkaufen

Donnerstag ist Markttag an der **Rambla Pau Casals**.

Abends und Nachts

Ein romantisches Plätzchen an der Stadtmauer ist die **Bar Vila Vella** 1. Eine weitere gemütliche Bar mit schöner Terrasse ist **El Pirata** 2: Portal 30. Live-Musik gibt es auch im Tahiti, Sant Josep 28. Wer tanzen möchte, ist im Paradis Club am Passeig de Mar richtig.

Infos und Termine

Oficina de Turisme: Av. Pelegrí 25, Ed. La Nau, Tel. 972 34 01 08, www.infotossa.com.

Schifffahrten: Fondo de cristal, Tel. 972 34 22 29, Glasbodenboote, die zu den nahegelegenen Buchten und Höhlen fahren; Dofí Jet Boats, Tel. 972 35 20 21; Viajes Marítimos, Tel. 972 36 90 95, www.viajesmaritimos.com. Ausflüge zu den Nachbarorten und -buchten. Auch schöne Nachtfahrten.

Am 20. und 21. Januar findet die **Wallfahrt Pelegrí de Tossa** nach Santa Coloma de Farners statt. An den darauffolgenden Tagen ist **Stadtfest** mit Tanz und Konzerten. Am 2. So nach Ostern findet das Fest »Aplec de la Mare de Déu de Gràcia« statt. Am 1. So im Juni ist Sardinenfest mit reichlich Sardinen und Ha-

vaneres-Gesängen. Das große Stadtfest mit Tanz und Feuerwerk zu Ehren des Stadtheiligen Sant Pere feiert Tossa vom 28. Juni bis zum 1. Juli. Am letzten So im August nehmen schließlich Profis und Amateure an einem Malwettbewerb teil.

Lloret de Mar ▶ E 11

Die Zeiten, in dem Lloret ein pittoreskes Fischerdorf war, sind lange vorbei. Inzwischen ist es ein Synonym für preiswerte Abi-Fahrten. Zwar haben die Burg und einige schöne Gebäude aus früheren Jahrhunderten dem Massentourismus standgehalten. Doch in den Straßen hinter dem Strand bestimmen Bettenburgen und Fast-Food-Restaurants, in denen es wenig spanisch zugeht, das Bild. Auch wenn sich der Ort mit seinen ca. 40 000 Einwohnern bemüht, das Niveau anzuheben und die Straßen sauberer, die Hotelanlagen grüner zu gestalten – man muss schon sehr lange suchen, um noch ein

idyllisches Plätzchen zu finden. Aber den überwiegend jugendlichen Gästen ist es nur recht, wenn hier viel los ist.

Historisches Zentrum

Schöne Gebäude im alten Lloret sind die **Església Parroquial** 1, die Pfarrkirche aus dem 16. Jh. an der Plaça de l'Església mit Jugendstilkuppel, und das **Rathaus** 2 an der Plaça de la Vila. In dem Gebäude von Felix de Azúa vom Ende des 19. Jh. ist heute auch das Fremdenverkehrsbüro untergebracht. An der Strandpromenade sticht das **Monument a la Sardana** 3 hervor – ein Denkmal für den katalanischen Nationaltanz, die *sardana*.

Castell Sant Joan 4

Juni–Sept. Di–So 10–13, 16–20, sonst Sa/So 10–17 Uhr.
Die Burg am nördlichen Strandende ist das Wahrzeichen von Lloret. Ihre Ursprünge gehen bis ins 11. Jh. zurück. Mehrfach zerstört, hat sich vor allem der Turm mit fantastischem Blick auf die

Lloret de Mar

0   100   200 m

de Tossa

Ab. Pau Casals

Pg. Caleta

Mirador de Mallorca

Sa Caleta

Sehenswert

1 Església Parroquial
2 Rathaus
3 Monument a la Sardana
4 Castell Sant Joan
5 Museu de la Mar
6 Jardins de Santa Clotilde

Übernachten

1 Hotel Marsol
2 Hotel Roger de Flor
3 Camping Canyelles

Essen und Trinken

1 Can Tarrades
2 El Trull
3 Cala Banys

Ausgehen

1 Tito's
2 Casino von Lloret
3 Gran Palace

Sport und Aktivitäten

1 Waterworld
2 Esquí Naútic
3 Nauti Sub Lloret
4 Cala Canyelles
5 Golfclub L'Angel de Lloret
6 Pitch & Putt Papalús

Küste erhalten. Heute sind die Überbleibsel der Festungsanlage ein Museum. An ihm vorbei führt ein schöner Panoramaweg am Meer entlang.

Museu de la Mar 5

Passeig Campródon i Arrieta, 1–2.
In der Casa Garriga, die ein typisches Beispiel für die Häuser der Kuba-Seefahrer im Kolonialstil ist, wird die Geschichte von Seefahrt und Schiffsbau lebendig, die für Lloret in früheren Zeiten eine wichtige Rolle spielten.

Jardins de Santa Clotilde 6 s.

direkt 15 ▶ S. 101.

Übernachten

Zentrale Lage – **Hotel Marsol** 1 : Pg. Jacint Verdaguer 7, Tel. 972 36 57 54, www.marsolhotel.com, DZ mit Frühstück 85–105 €. 4-Sterne-Hotel mit viel Komfort. Viele Zimmer mit Meerblick. Kleiner Swimmingpool unter dem Dach.
Gepflegtes Traditionshaus – **Hotel Roger de Flor** 2 : Turó del'Estelat, Tel.

972 36 48 00, www.hotelrogerdeflor. com, Mitte März–Okt., DZ 70–120 €. Eine der angenehmsten Adressen in Lloret: Ruhig gelegen mit Schwimmbad, Tennisplatz und schöner Terrasse.
An schöner Bucht – **Camping Canyelles** 3 : Cala Canyelles, Tel. 972 36 45 04, www.ccanyelles.com, April bis Sept., pro Auto und Pers. 4,40–7, Zelt 5,50–8,50 €. Platz zweiter Kategorie mit Schwimmbad, Wassersport und Kinderspielplatz. Auch Apartments (ab 58 €).

Essen und Trinken

Authentisch katalanisch – **Can Tarrades** 1 : Plaça d'Espanya 7, Tel. 972 36 61 21, 15–30 €. Neben guten Pizzas und Pastas gibt es Fischspezialitäten und gegrilltes Fleisch mit *allioli*. Auch günstige Menüs.
An idyllischer Nachbarbucht – **El Trull** 2 : Ronda de Europa, Cala Canyelles, Tel. 972 36 49 28, Gerichte ca. 40, Degustationsmenü 50 €. www.eltrull. com. Hier serviert Joan Pujol Oliver ge-

hobene katalanische Küche: z. B. Lachs-röllchen mit *escalivada* in Sherry-Vinai-grette.

Tipp: Bar für Romantiker

Ein romantischeres Plätzchen wird sich in Lloret schwerlich finden lassen: Über die Felsen der kleinen Bucht verteilen sich die Terrassen der originellen Tages- und Nachtbar **Cala Banys** **3**. Sanfte Musik begleitet hier das Geräusch der Wellen.

Einkaufen

Dienstags kann man günstig auf dem Markt einkaufen, u. a. auch Souvenirs.

Abends und Nachts

Im **Tito's** **1**, Jacint Verdaguer 3, kann man auf der Terrasse dem Treiben auf dem Boulevard zusehen. Ansonsten gibt es in den Seitenstraßen der Avin-guda Just Marlés und der Rambla Ro-mà Barnés Bars und Clubs für jeden Geschmack. Am elegantesten ist das **Casino von Lloret** **2** (Dels Esports 1, Tel. 972 36 64 54, 17–4 Uhr), in dem auch Dinner-Shows und Konzerte veranstaltet werden. Im **Gran Palace** **3** (Ctra. Blanes–Lloret, km 10,4, Tel. 972 36 57 78) beginnen um 21 Uhr Shows im Stil des Pariser ›Lido‹.

Sport und Aktivitäten

Neben dem breiten Hauptstrand locken in südlicher Richtung die Calas Fenals, die kleine hübsche Cala Boadella (FKK) und die Cala Santa Cristina, in nördli-cher Richtung die Buchten Canyelles, Morisca und Tortuga, die man z. T. auch per Schiff erreichen kann.
Water World **1**: Av. de Vidreres km 1,2; Mitte Mai–Sept. 10–18.30 Uhr. Große Spaßbadanlage mit gigantischen Rutschen, Minigolf und Spielplatz. Kos-tenloser Zubringerbus von Lloret, Blanes und Tossa.

Wasserski: **Esquí Naútic** **2**, am Strand Sa Caravera, Tel. 609 35 08 12.
Tauchen: **Nauti Sub Lloret** **3**, Cala Canyelles, Ronda Europa 16, Tel. 972 37 26 41.
Yachthafen: Cala Canyelles **4**, Tel. 972 36 88 18, 130 Liegeplätze.
Golf: Golfclub L'Angel de Lloret **5**, bei der Siedlung Condado del Jaru-co, Tel. 972 36 85 33, **Pitch & Putt Papalús** **6**, Camí de Papalús, Tel. 972 36 03 14
An mehreren **Stränden** werden Surf-bretter oder Kajaks verliehen, z. B. Cay-ac Canyelles, Tel. 972 36 56 78.

Infos und Termine

Oficina de Turisme: Av. Alegries 3, am Busbahnhof und im Museu del Mar, Tel. 972 36 57 88, www.lloretdemar.org. Auch geführte Rundgänge und Infoma-terial über reizvolle Wanderungen in die Umgebung.
Schifffahrten: Dofí Jet Boats, Tel. 972 37 19 39, Viajes Marítimos, Tel. 972 36 90 95, www.viajesmaritimos.com; Tou-ren vom Hauptstrand entlang der Küste nach Tossa, Blanes, Sant Feliu de Guí-xols usw. Auch Glasbodenboote. Am 24. Juli wird in Lloret die *festa major* zu Ehren der hl. Christina begangen: Über das Wasser begibt man sich zu einer Einsiedelei, feiert dort eine Messe und isst den traditionellen Eintopf. Am da-rauffolgenden Tag wird das Patronats-fest mit dem Heiratstanz *les almorrat-xes* fortgesetzt.

Blanes ▶ D 11

Der südlichste Ort der Costa Brava mit seinen ca. 40 000 Einwohnern ist in den letzten Jahren reichlich gewach-sen, sodass man sich erst einmal durch diverse Gewerbegebiete zum Zentrum durchkämpfen muss. Doch

Karte: ▶ D/E 11 | **Start:** in Blanes

An der Costa Brava gibt es nur Pinien-, Mandel- und Olivenbäume und mediterrane Gewächse wie Rosmarin? Das stimmt nicht ganz, denn die Gegend zwischen Lloret de Mar und Blanes ist auch mit anderen Pflanzen reich gesegnet: In nächster Nachbarschaft zum bedeutenden, vom deutschen Kaufmann Karl Faust gegründeten Botanischen Garten Mar i Murtra breitet sich der Kaktusgarten Pinya de Rosa mit Zigtausenden von stacheligen Exoten über den felsigem Hang an der Küste aus. Eine weitere grüne Oase sind die Jardins de Santa Clotilde bei Lloret im Stil italienischer Renaissancegärten.

Der Botanische Garten Mar i Murtra

Auf einer Anhöhe über Blanes gelegen – mit schönstem Panoramablick über das Meer –, wurde der Botanische Garten **Mar i Mutra** 1 (s. Cityplan Blanes S. 104) 1921 zu Studienzwecken gegründet. Dazu versammelte der Deutsche Karl Faust, der zuvor in Barcelona als Kaufmann zu Wohlstand gekommen war und sich später als Amateurbiologe betätigte, rund 3000 Pflanzenarten aus fünf Kontinenten. Exotische Bromelien, Dattelpalmen, Agaven und Eukalyptus wechseln sich heute ab mit Bambus, Sumpfgras, japanischen Zierkirschen, fast haushohen Araucarien und mediterranen Orangenbäumchen.

Das 4 ha große Gelände war gut gewählt: Hier herrscht ein Mikroklima, in dem Pflanzen aus allen Erdteilen überleben können. Eingeteilt in verschiedene Klimazonen – Subtropen, gemäßigte Zone und Mittelmeergebiet – führt der Garten den Besucher von der amerikanischen Wüste über die Kanarischen Inseln, Mexiko, China und Japan in tropische Feuchtgebiete; von dort

101

geht es vorbei an einem Palmenhain und Araucarien-Wäldchen in Bereiche mit australischer und südafrikanischer Vegetation. Aufgelockert wird der liebevoll angelegte Garten durch kleine Teiche, Brunnen, Plätze zum Verweilen und Panoramaterrassen samt Rundtempel. Hier und da verrät ein Goethe-Zitat (»Kennst du das Land, wo die Zitronen blühn ...«), an welchen Vorbildern sich der Begründer orientierte. Heute gehört der Jardí Botànic zur Karl-Faust-Stiftung, die sich nicht nur seinem Erhalt, sondern auch der Erforschung vom Aussterben bedrohter Pflanzen widmet. Bei Führungen ist auch das Wohnhaus Karl Fausts zu besichtigen, das viel von dessen Idealen erzählt.

Übrigens: Wem die Gärten rund um Blanes noch nicht reichen, kann an Fronleichnam wunderschöne **Blumenteppiche** bewundern, die in der Zeit die Straßen der Stadt Blanes schmücken und Bestandteil einer Art Volksfest sind.

Im exotischen Kaktusgarten

Mag sein, dass der Kaktusgarten **Pinya de Rosa** 2 (s. Cityplan Blanes S. 104) nicht so bedeutend ist wie der Botanische Garten Mar i Murtra. Doch ist die exotische Anlage, die sich über der Bucht von Sant Francesc an der Küste ausbreitet, mit ihren 7000 Arten von stacheligen Gewächsen nicht weniger eindrucksvoll.

Vielleicht ließ sich der französische Ingénieur Ferran Rivière de Caralt vom Nachbargarten inspirieren, als er sie 1945 anlegte. Doch war es eher eine Liebhaberei, die ihn dazu veranlasste, hier Sammlungen von Agaven, Aloe und Yucca anzulegen. Allein 600 Opuntien-Arten sind im Kaktusgarten zu finden, dazu

Zum Reinspringen schön: die Buchten am Botanischen Garten von Blanes

Sukkulente mit Namen wie Pereskia, Neobuxbaumia oder Echinocereus. Dabei muss man kein Biologe sein, um am Anblick der streng nach Klassifizierung angeordneten Beete seine Freude zu haben – vor allem, wenn die tropischen Pflanzen blühen. Inzwischen gelangte der Garten in den Besitz eines wohlhabenden Russen – es bleibt zu hoffen, dass er seinen Privatgarten auch weiterhin der Öffentlichkeit zugänglich macht.

Jardins de Santa Clotilde: ein italienischer Gartentraum

Ein weiterer Gartentraum ging ganz in der Nähe von Lloret de Mar in Erfüllung: 1919 legte Nicolau Rubió i Tudurí mit den Jardins de Santa Clotilde **6** (s. Cityplan Lloret de Mar S. 98) einen streng geometrischen Garten an, der das Anwesen mit Herrenhaus am Meer ergänzt.

Die Anlage mit ihren gestutzten Hecken und den von Pinien oder Zypressen gesäumten Wegen und Treppen lässt weniger biologisches Interesse als vielmehr die Italiensehnsucht eines Katalanen erkennen. Denn Vorbild des Gartens waren eindeutig die Anlagen der italienischen Renaissancevillen. Dazu passen auch die Marmorstatuen, die sich über das Gelände verteilen und den herrschaftlichen Charakter unterstreichen – im Gegensatz zum durchaus gewünschten Wildwuchs im Botanischen Garten.

Infos

Der **Jardí Botànic Mar i Murtra**, Pg. Carles Faust 9, Blanes, Tel. 972 33 08 26, www.marimurtra.cat, Juni–Sept. 9 bis 20, April, Mai, Okt. 9–18, Nov–März 10-17 Uhr. Wenn möglich, sollte man mit dem Bus von Blanes aus herkommen, da nur ein sehr kleiner Parkplatz zur Verfügung steht.
Pinya de Rosa, an der Straße von Blanes nach Lloret de Mar, Tel. 972 35 06 89, www.pinya-de-rosa.com, Juni bis Sept. tgl. 9–20, Okt.–Mai tgl. 9–18 Uhr. Auch dieser Park ist per Bus aus Blanes zu erreichen. Autofahrer achten einfach an der Straße von Blanes nach Lloret auf die Abzweigung zur Bucht Santa Cristina, wo der Garten ausgeschildert ist.
Jardins de Santa Clotilde, Paratge de Santa Clotilde, Lloret de Mar, Tel. 972 37 04 71, www.lloretdemar.org, April–Sept. Di–So 10–20, Okt.–März Di–So 10–17 Uhr. Südlich des Zentrums von Lloret gelegen, sind die Gärten Santa Clotilde zu erreichen.

Gut gebettet

Wer sich von den grünen Oasen nicht trennen kann und über das entsprechende Budget verfügt, sollte sich im **Hotel Santa Marta** einquartieren, das in unmittelbarer Nähe des Pinya-de-Rosa-Gartens an der Bucht Santa Cristina liegt und jeglichen Komfort eines 5-Sterne-Hotels bietet (Platja Santa Cristina, Lloret de Mar, Tel. 972 36 49 04, www.hstamarta.com, DZ ab 140 €).

Tipp

Wenn Sie wollen, können Sie den Besuch der drei Gärten auch mit einer Wanderung verbinden. Zwar verläuft der Weg meist auf der Autostraße von Blanes nach Lloret, doch am Weg liegen einige der schönsten Buchten der Küste, z. B. die Cala Boadella. Vom Botanischen Garten in Blanes zum Kaktusgarten Pinya de Rosa sind es etwa 40 Min., nach weiteren 40 Min. gelangt man zu den Jardins de Santa Clotilde. Läuft man weiter nach Lloret (ca. 45 Min.), kann man je nach Saison auch mit dem Boot zurückfahren.

Blanes

anders als in Lloret oder Tossa spielt
hier nicht der Tourismus die Hauptrol-
le: Noch heute ist der Fischfang eine
wichtige Erwerbsquelle – ausgesprochen anschaulich nachzuvollziehen
wochentags bei der nachmittäglichen
Fischauktion in der Llotja del Peix.
Besondere Attraktionen sind neben
dem langen Sandstrand und der Burg
Castell Sant Joan die beiden Botanischen Gärten **Jardí Botànic Mar i
Murtra** 1 und **Pinya de Rosa** 2
(s. S. 101).

Altes Stadtzentrum

Beim Schlendern über die Uferpromenade und durch die Gassen der Altstadt
fallen besonders die Hausfassaden im
Carrer Ample und Carrer Raval auf.
Schön ist auch die Fassade der **Pfarrkirche** 3 aus dem 14. Jh., die ursprünglich zum Palast des Vizegrafen
Cabrera gehörte.

Castell Sant Joan 4

Hoch über der Stadt liegen die Reste
des Kastells (11. Jh.). Wer sich die Mü-

Essen und Trinken
1 S'Auguer
2 Can Flores

Sport und Aktivitäten
1 Club de Vela
2 Blanes Sub

3 Wassersport
4 Marineland

he macht, die 166 m hinaufzuwandern, wird mit einem fantastischen Blick auf Blanes und Umgebung belohnt. Von hier aus kann man gut zum Botanischen Gärten weiterlaufen.

Übernachten

An der Strandpromenade – **Hotel Horitzó** 1: Pg. de S'Abanell, Tel. 972 33 04 00, www.hotelhoritzo.com, Ende März–Nov., DZ mit Frühstück 79–205 €. Freundliches, komplett renoviertes 4-Sterne-Hotel mit kleinem Hallenbad, Sauna und Fitnessraum, viele Zimmer mit Balkon und Meerblick.

Unter Pinien – **Camping Blanes** 2: Av. Vila de Madrid 33, Tel. 972 33 15 91, www.campingblanes.com, Parzelle ab 15, pro Pers. 5,50–7 €. Gut ausgestatteter Platz am Strand, Wassersportmöglichkeiten, Schwimmbad und Kinderspielplatz. Anfahrt mit dem Linienbus möglich.

Essen und Trinken

Köstliche Marktküche – **S'Auguer** 1: S'Auguer 2, Tel. 972 35 14 05, um

30 €. Gediegenes Restaurant in der ersten Etage. Hier lassen sich auch Einheimische die delikaten Fisch- und Fleischgerichte schmecken.

Tapas am Hafen – **Can Flores** **2**: Esplanada del Port, Tel. 972 33 16 33, um 18 €. Nicht zu übersehen ist das Lokal mit seinen Terrassen, das sich aufgrund seiner Beliebtheit immer weiter ausgedehnt hat. Von leckeren Kleinigkeiten bis hin zu aufwendigen Fischgerichten.

Einkaufen
Auf dem Markt (Mo) an der Strandpromenade gibt es nicht nur Gemüse.

Sport und Aktivitäten
Südlich des Felsens Sa Palomera, der ins Meer hineinragt, schließt sich der längste Strand von Blanes mit der entsprechenden touristischen Infrastruktur an. Empfehlenswert sind auch die nahegelegenen Buchten von Sant Francesc, Santa Cristina und Boadella (FKK), die z. T. von Ausflugsschiffen angefahren werden bzw. mit dem Auto oder zu Fuß nach einer kleinen Wanderung zu erreichen sind. Entsprechende Flyer gibt es in der Touristeninformation.

Yachthafen: Club de Vela **1**, Esplanada del Port, Tel. 972 33 05 52, 800 Liegeplätze.

Tauchen: **Blanes Sub** **2**, Esplanada del Port, Tel. 646 96 20 56.

Wassersport **3**: Am Strand gibt es Parasailing- und Wasserskimöglichkeiten, außerdem werden sogenannte Skibusse eingesetzt und Jetski wird angeboten.

Aquapark: **Marineland** **4**, bei Palafolls, an der Straße nach Malgrat, Mitte Mai bis Mitte Sept. 11.30–18 Uhr. Der 60 000 m² große Aquapark bietet eine Badelandschaft mit schiffbarem See, Delfinarium, Mini-Zoo, Tropenhaus und viele andere Attraktionen.

Infos und Termine
Oficina de Turisme: Pg. Catalunya 2, Tel. 972 33 03 48, www.visitblanes.net
Schiffe: Dofí Jet Boats, Tel. 972 35 13 37, www.dofijetboats.com; Viajes Marítimos, Tel. 972 36 90 95, Anlegestellen am Passeig de S'Abanell und Passeig Pau Casals. Schiffe nach Tossa, Lloret, Santa Cristina und zu verschiedenen Stränden. Ende Juli wird eine Woche lang zu Ehren der hl. Anna ein **Feuerwerk-Wettbewerb** veranstaltet. Die Raketen mit den originellsten Formen und Farben werden mit dem Preis der Stadt Blanes ausgezeichnet. Ein kleineres Stadtfest findet am 21. August, dem Tag der Heiligen Bonosi und Maximià, statt.

Ausflug nach Barcelona ▶ südl. C 12

Die ganze Vier-Millionen-Metropole kann man bei einem Ausflug nicht kennenlernen. Doch lassen sich relativ einfach schöne Gebäude, Plätze und Museen links und rechts der Rambles entdecken. Wer in kurzer Zeit viel sehen will, kann in den **Bus turístic** einsteigen, der die wichtigsten Sehenswürdigkeiten abfährt. An den rund 44 Stationen auf drei Routen kann man beliebig oft ein- und aussteigen (z. B. ab Plaça Catalunya, 9–21 Uhr, 1 Tag 22, 2 Tage 29, ermäßigt 14 bzw. 18 €).

Altstadt
Herzstück der Altstadt ist das Gotische Viertel. Neben der **Kathedrale** **1** (14./15. Jh.) beeindrucken die mittelalterlichen Paläste an der **Plaça Sant Jaume** **2**, die das Rathaus und die Landesregierung von Katalonien beherbergen. Besonders schön ist die Kirche Santa Maria del Mar am Passeig del Born – in nächster Nähe zum **Picasso-Museum** **3**, in dem vor allem Frühwerke

des Künstlers und wechselnde Ausstellungen zu sehen sind (Montcada 15 bis 19, Di–So 10–20 Uhr). Weitere sehenswerte Bauten in der Altstadt sind der Musikpalast **Palau de la Música Catalana** 4 im Jugendstil (Sant Pere mes alt, engl. Führungen um 10, 11, 12, 13, 14, 15, im Aug. auch um 16, 17, 18 Uhr) sowie das prunkvolle Opernhaus **Gran Teatre del Liceu** 5 von 1845, das nach einem Brand 1994 wieder aufgebaut wurde (Rambles 51–59, Besichtigung tgl. 10 Uhr, www.liceubarcelona.com). Ein Beispiel für gelungene zeitgenössische Architektur ist das **Museu d'Art Contemporani** 6 de Barcelona, das Gegenwartskunst in wechselnden Ausstellungen präsentiert (Plaça dels Angels 1, Mo, Mi–Fr 11–19.30, Sa 10–20, So 10–15, Juli–Sept. Do/Fr bis 24 Uhr).

Gaudí im Eixample-Viertel

Die emblematischen Werke Gaudís sind im Eixample-Viertel zu finden: Wahrzeichen der Stadt ist die unvollendete Kirche **Sagrada Familia** 7, von deren Turm man eine tolle Aussicht über das Viertel hat (Mallorca 401, Winter tgl. 9–18, Sommer 9–20 Uhr). Bekanntestes Haus ist die von 1905 bis 1910 entstandene **Casa Milà** 8, genannt La Pedrera, am Passeig de Gràcia mit seiner beeindruckenden Dachlandschaft, die im Hochsommer auch nachts öffnet (Provença 261–265, Nov.–Feb. 9–18.30, März–Okt. 9–20 Uhr). Ein Stück weiter liegt die eindrucksvolle **Casa Batlló** 9 (Pg. de Gràcia 43, 9–20 Uhr). Werke des katalanischen Gegenwartskünstlers Antoni Tàpies sind dagegen in der **Fundació Tàpies** 10 zu sehen, die in einem Jugendstilgebäude von Domènech i Montaner untergekommen ist (Aragó 255, Di–So 10–20 Uhr). Im Viertel Vallcarca liegt indessen der liebenswerte, von Gaudí entworfene **Parc**

Güell 11 mit seinen verschlungenen Spazierwegen, einer Krypta und der Casa-Museu Antoni Gaudí (Ctra. Del Carmel, Nov.–März 10–18, April–Sept. 10–20 Uhr). Ein ganzes Stück weiter stadtauswärts liegt das berühmte Fußballstadion Camp Nou mit dem **Museum des FC Barcelona** 12 – Barça-Fans haben ihre Freude an Pokalen, Fotos und Dokumenten des Vereins (Mitte April–Mitte Okt. Mo–Sa 10–20, sonst 10–18.30, So 10–14.30 Uhr).

Hafen und Strand

Vor der Altstadt liegt der Alte Hafen, den allerlei schöne Lokale säumen. Hauptattraktion ist das **Aquarium** 13 mit unterirdischem Ozean-Tunnel und 11 000 Meerestieren (Mo–Fr 9.30–21, Sa/So 9–21.30, Juli/Aug. bis 23 Uhr). Etwas weiter nördlich schließen sich der olympische Yachthafen und einige Strände an. Eine schöne grüne Oase ist der nahegelegene **Parc de la Ciutadela** 14 mit Spielplätzen, einem See und Gewächshäusern mit exotischen Pflanzen. Hauptattraktion ist der große **Zoo** 15 (Nov.–Mitte März 10–17, Mitte März–Mai und Okt. 10–18, Juni–Sept. 10–19 Uhr).

Rund um den Montjuïc-Berg

Vom Hausberg **Montjuïc** 16 hat man nicht nur einen tollen Blick auf die Stadt. Oben liegen auch das Olympiastadion und andere Sportstätten. Ein Muss für Kunstfreunde ist die **Fundació Joan Miró** 17: In dem schönen weißen Gebäude werden über 300 Werke des Künstlers sowie wechselnde Ausstellungen gezeigt (Parc de Montjuïc, Di/Mi, Fr/Sa 10 bis 19 Juli/Aug. bis 20, Do 10–21.30, So 10–14.30 Uhr). Am Fuß des Bergs steht das **Nationalmuseum für Katalanische Kunst** 18 – dessen Sammlungen romanischer und gotischer Kunstwerke Weltrang haben (Mu-

Barcelona

Sehenswert

1 Kathedrale
2 Plaça Sant Jaume
3 Picasso-Museum
4 Palau de Música Catalana
5 Gran Teatre del Liceu
6 Museu d'Art Contemporani
7 Sagrada Familia
8 Casa Milà
9 Casa Batlló
10 Fundació Tàpies
11 Parc Güell
12 Museum des FC Barcelona
13 Aquarium
14 Parc de la Ciutadela
15 Zoo
16 Montjuïc
17 Fundació Joan Miró
18 Nationalmuseum für Katalanische Kunst
19 CaixaForum

Übernachten

1 Alberg Inout
2 Rialto
3 Condado
4 Hotel Pulitzer
5 Claris
6 Hotel W

Essen und Trinken

1 Agua
2 El Trobador
3 Pitarra
4 Comerç 24
5 Set Portes
6 Cal Pep

Einkaufen

1 Portal de l'Angel
2 Portaferissa
3 Markthalle Boqueria

Ausgehen

1 Boadas
2 Jamboree
3 Mirablau
4 Bikini
5 Torres de Avila

seu Nacional d'Art de Catalunya, Di–Sa 10–19, So 10 bis 14.30 Uhr). Schräg gegenüber ist aus einem Gebäude des Jugendstilarchitekten Puig i Cadafalch das **CaixaForum** **19** geworden, das interessante Ausstellungen zu verschiedenen Themen veranstaltet (Av. Ferrer i Guardia 6–8, tgl. 10–20, Sa bis 22 Uhr).

Tipp:

Angesichts der hohen Eintrittspreise empfiehlt sich das Art-Ticket für 22 €, das Zugang zu den sieben wichtigsten Museen bietet.

Übernachten

Oase im Grünen – **Alberg Inout** **1**: Major del Rectoret 2, Tel. 938 009 85, www.inoutalberg.com, Üb ab 18, Menü 9,50 €. Freundliches Hostel hoch über der Stadt, das ein erfolgreiches Behindertenprojekt ist.

Mit Patina – **Rialto** **2**: Ferran 42, Tel. 933 18 52 12, www.gargallo-hotels. com, DZ ab 95 €. 3-Sterne-Komfort im Geburtshaus von Joan Miró im Gotischen Viertel.

Elegant – **Condado** **3**: Aribau 210, Tel. 932 00 23 11, www.condadohotel. com, DZ ab 110 €. Gepflegtes 3-Sterne-Haus im Geschäftsviertel Eixample. Geräumige Zimmer, Minibar und Internet gratis.

Stilvolles Design – **Hotel Pulitzer** **4**: Bergara 8, Tel. 934 81 67 67, DZ ab 110 €, www.hotelpulitzer.es. Sehr wohnliches 4-Sterne-Haus an der Plaça Catalunya. Schöne Dachterrasse.

Mit ägyptischem Museum – **Claris** **5**: Pau Claris 150, Tel. 934 87 62 62, DZ ab 180 €, www.derbyhotels.com. Für Kunstfreunde gibt es kaum eine bessere Adresse als dieses Luxushotel des Hobby-Archäologen Jordi Clos. Traumhafte Dachterrasse mit Pool.

Spektakuläre Aussicht – **Hotel W** **6**: Plaça de la Rosa dels Vents 1, Tel. 932 95 28 00, www.starwoodhotels. com/whotels, DZ ab 260 €. Hotelturm am Strand mit Pool, Panoramabar und gutem Restaurant.

Essen und Trinken

An der Strandpromenade – **Agua** **1**: Pg. Marítim 30, Tel. 932 25 12 72, 35

€. Tapas, hervorragende Reisgerichte und Fisch, auch auf der Terrasse.

Informelle Atmosphäre – **El Trobador** [2]: Enric Granados 122, Tel. 934 16 00 57, 25–30 €. Schönes Lokal im Geschäftsviertel Eixample. Vormittags stärkt man sich mit *tapes*, später mit gegrilltem Fleisch. Auch günstige Menüs.

Klassisch katalanisch – **Pitarra** [3]: Avinyó 56, Tel. 933 01 16 47, 35–45 €. In dem legendären Lokal, das als Wiege des katalanischen Theaters angesehen wird, gibt es Kreationen wie Kalbsfleisch mit Feigen oder Gänseleber mit Pilzen.

Kreative Autorenküche – **Comerç 24** [4]: Comerç 24, Tel. 933 19 21 02, So/Mo geschl., 40–60 €. Hochgelobtes Designlokal im Ribera-Viertel. Auch Menüs in Tapas-Form.

Lange Tradition – **Set Portes** [5]: Pg. Isabel II 14, Tel. 933 19 30 33, 35–45 €. Elegantes Interieur. Spezialitäten sind Fisch, Canelones, unterschiedliche Paellas.

Fisch und Meeresfrüchte – **Cal Pep** [6]: Plaça de les Olles 8, Tel. 933 10 79 61, So/Mo mittags geschl., 25–30 €. Erstklassige Zutaten, immer voll, gegessen wird auch an der Theke.

Einkaufen

Kleider, Schuhe oder Accessoires sind u. a. in den Straßen **Portal de l'Angel** [1] und **Portaferrissa** [2] in der Altstadt zu finden. Gute Adresse für Lebensmittel ist die sehenswerte **Markthalle Boqueria** [3] an der Rambla de les Flors.

Abends und Nachts

Klein, aber fein – **Boadas** [1]: Tallers 1, gleich neben den Rambles werden die besten Cocktails der Stadt gemixt.

Gute Stimmung – **Jamboree** [2]: Plaça Reial 17, guter Club mit Live-Konzerten an der Plaça Reial.

Traumhaftes Panorama – **Mirablau** [3]: Plaça Doctor Andreu, tgl. ab 11 Uhr. Schicke Bar auf halber Höhe des Tibidabo. Gute Cocktails, auch Snacks.

Makro-Disco – **Bikini** [4]: Deu i Mata 105, Di–Sa ab 12 Uhr. Auf verschiedenen Ebenen gibt es Latino-, Funk- und Rock-Dancefloors. Auch Live-Musik.

Gestyltes Ambiente – **Torres de Avila** [5]: Poble Espanyol, Marquès de Comillas 25. Design-Tempel mit Dancefloor und Dachterrasse am Poble Espanyol.

Infos und Termine

Oficina de Turisme: Plaça Catalunya 17-S, Tel. 932 85 38 34, www.barcelonaturisme.com. Weitere Büros: Bahnhof Estació Barcelona Sants, Flughafen Terminal 1 und 2. Die Touristeninformation veranstaltet auch geführte Stadtrundgänge, z. B. zum Thema Gaudí sowie Bike-Touren in englischer Sprache.

Ein gutes Verkehrsmittel ist die U-Bahn (Metro, Einzelfahrkarte 1,70, Zehnerkarte ca. 8 €). Auch das Busnetz ist relativ dicht. Doch es ist oft einfacher, mit einem der recht günstigen Taxis zu fahren. Zwischen Flughafen und Zentrum verkehrt der Aerobus (ca. 5, hin und zurück 8,65 €), außerdem gibt es von dort Zugverbindungen zum Bahnhof Sants.

Am 23. April wird der Tag des Buches und der Rose gefeiert, in der Johannisnacht am 23. gibt es Feuerwerk und Partys. Das Stadtfest von Barcelona, die Mercè, wird Ende September mit Konzerten auf den Plätzen und abschließendem Feuerwerk begangen. Wichtigstes Stadtteilfest ist die *festa major* von Gràcia Mitte August. Außerdem findet im Sommer das Grec-Festival mit Konzerten und Theateraufführungen statt.

Die einfachsten katalanischen Aussprache-regeln hier in Kürze: Sowohl das ›j‹ als auch das ›g‹ vor den Vokalen ›i‹ und ›e‹ werden wie das ›j‹ in Journalist, das ›c‹ vor den gleichen Vokalen wie ein scharfes ›s‹ gesprochen. Das ›x‹ zwischen Vokalen, z. B. in *aixó*, klingt wie ›sch‹, in der Kombination mit einem ›t‹ (*gaspatxo*) wie ›tsch‹, das ›z‹ wie ›dz‹. Das ›r‹ nach einem Vokal, z. B. in *diners*, wird nicht ausgesprochen. ›Ll‹ wird wie ›lj‹ gesprochen, ›l.l‹ wie doppeltes ›l‹. Im Folgenden wird zuerst die katalanische, dann die spanische Übersetzung aufgeführt:.

Allgemeines

guten Tag	bon dia/buenos días
guten Abend	bona tarda/
	buenas tardes
gute Nacht	bona nit/
	buenas noches
auf Wiedersehen	adéu/adiós
Hallo, wie geht's?	Hola, ¿com va?/
	Hola, ¿qué tal?
bitte	si us plau/por favor
danke	gràcies/gracias
entschuldigung	perdoni/perdón
Ich heiße …	Em dic …
	Me llamo …
Wo ist …?	¿On es …?/
	¿Dónde está …?
Wann …?	¿Quan …?/
	¿Cuándo …?

Zeit

Montag	dilluns/lunes
Dienstag	dimarts/martes
Mittwoch	dimecres/miércoles
Donnerstag	dijous/jueves
Freitag	divendres/viernes
Samstag	dissabte/sábado
Sonntag	diumenge/domingo
Feiertag	dia festiu/
	día festivo
Minute	minut/minuto

Stunde	hora
Tag	dia/día
Woche	setmana/semana
Monat	mes
Jahr	any/año
heute	avui/hoy
gestern	ahir/ayer
morgen	demà/mañana
morgens	al matí/
	por la mañana
mittags	al mitgdia/
	al mediodía
nachmittags	a la tarda/
	por la tarde
abends/nachts	a la nit/por la noche
vor/nach	abans/després
	antes/después
früh/spät	aviat/tard
	temprano/tarde

Notfall

Hilfe!	¡Socorro!
Polizei	policia/policía
Arzt	metge/médico
Unfall	accident/accidente
Panne	avaria/avería

Unterwegs

Auto	cotxe/coche
Tankstelle	gasolinera
rechts	a la dreta/derecha
links	a l'esquerra/
	l'izquierda
geradeaus	tot recte/
	todo recto
hier/dort	aquí/allà/
	aquí/allí
Bank	banc/banco
geöffnet	obert/abierto
geschlossen	tancat/cerrado
Geschäft	botiga/tienda
Wieviel …?	¿Quant …?/
	¿Cuánto …?

Im Hotel

Einzelzimmer	habitació/habitación individual

Doppelzimmer	habitació/habitación doble
mit (ohne) Bad	amb (sense) bany/con (sin) baño
Schlüssel	clau/llave
Gepäck	equipatge/equipaje
Preis	preu/precio
Rechnung	compte/cuenta

Im Restaurant

essen	menjar/comer
trinken	beure/beber
Tisch	taula/mesa
reservieren	reservar
Besteck	cobert/cubierto
Messer	ganivet/cuchillo
Gabel	forquilla/tenedor
Löffel	cullera/cuchara
Teller	plat/plato
Flasche	botella
Glas	got/vaso
zahlen	pagar

Monate

Januar	gener/enero
Februar	febrer/febrero
März	març/marzo
April	abril/abril
Mai	maig/mayo
Juni	juny/junio
Juli	juliol/julio
August	agost/agosto
September	setembre/septiembre
Oktober	octubre/octubre
November	novembre/noviembre
Dezember	desembre/diciembre

Zahlen

1	un/uno
2	dos
3	tres
4	quatre/cuatro
5	cinc/cinco
6	sis/seis
7	set/siete
8	huit/ocho
9	nou/nueve
10	deu/diez
11	ontze/once
12	dotze/doce
13	treitze/trece
14	catorze/catorce
15	quinze/quince
16	setze/dieciséis
17	disset/diecisiete
18	divuit/dieciocho
19	dinou/diecinueve
20	vint/veinte
21	vint-i-un/veintiuno
30	trenta/treinta
40	quaranta/cuarenta
50	cinquanta/cincuenta
60	seixanta/sesenta
70	setanta/setenta
80	vuitanta/ochenta
90	noranta/noventa
100	cent/cien
1000	mil

Die wichtigsten Sätze

Wie komme ich nach …? ¿Com vaig a …?/¿Cómo voy a …?
Wieviel kostet das? ¿Cuán val això?/¿Cuánto vale esto?
Wo gibt es …? ¿On hi ha per ací?/¿Dónde hay por aquí …?
Ich brauche … Necessito …/Necesito …
Wann öffnet/schließt …? ¿A quina hora obri/tanca?/¿A qué hora abre/cierra …?
Haben Sie ein freies Zimmer? ¿Hi ha una habitació lliure?/¿Hay una habitación libre?
Sprechen Sie Deutsch/Englisch? ¿Parla alemany/anglés?/¿Habla alemán/inglés?
Wo kann ich den Wagen parken? ¿On puc aparcar el cotxe?/¿Dónde puedo aparcar el coche?
Können Sie mir helfen? ¿Pot ajudarme?/¿Puede usted ayudarme?
Hau ab! ¡Ves-t'en!/¡Lárgate!

Kulinarisches Lexikon

Frühstück

cafè amb llet/ café con leche	Kaffee mit Milch
formatge/queso	Käse
pà/pan	Brot
pernil/jamón	Schinken
sucre/azúcar	Zucker
te/té	schwarzer Tee
mantega/mantequilla	Butter

Vorspeisen

amanida/	Anders als beim ensalada catalana gemischten Salat (*amanida verde*) der grünen Salat, Tomaten, Zwiebeln und Oliven enthält – wird dieser mit Wurstscheiben, Schinken, hart gekochten Eiern oder Thunfisch vervollständigt.
antxoves/anchoas	Anchovis, Sardellen
canelons/canelones	Die katalanischen Cannelloni werden meist mit Leber und einer Béchamelsauce zubereitet.
escalivada/escalibada	Salat aus gegrillten Paprika, Auberginen und Zwiebeln, nur mit Olivenöl und evtl. etwas Knoblauch angemacht.
oli/aceite	Öl (meist Olivenöl)
oliva/aceituna	Olive
pebre/pimienta	Pfeffer
sal	Salz
truita/tortilla	Neben dem typischen Omelette aus Kartoffeln und Zwiebeln werden auch Varianten mit Zucchini, Artischocken oder Pilzen gereicht.
vinagre	Essig

Suppen und Eintöpfe

a la cassola/cazuela	Eintopf
faves/habas a la catalana	Dieser Eintopf aus dicken Bohnen mit Paprika- und Blutwurst ist in der kalten Jahreszeit besonders beliebt.
sarsuela/zarzuela	Fischeintopf
sopa	Suppe
suquet de peix	Dieser von Fischern erfundene Eintopf ist eigentlich ein ganz einfaches Gericht aus verschiedenen Fischsorten, Tomaten und Kartoffeln, das inzwischen auch mit Garnelen, Languste oder Seeteufel veredelt wird.

Fisch und Meeresfrüchte

bacalau/bacalao	Stockfisch, z. B. im Ofen geschmort, ist bei den Katalanen vor allem im Winter sehr beliebt. Als Salat mit Tomaten und Zwiebeln angemacht, heißt er *esqueixada*.
calamars/calamares a la romana	panierte Tintenfischringe
calamars a la plantxa/ calamares a la plancha	im Ganzen gegrillter Tintenfisch, häufig mit Knoblauch und Petersilie gewürzt
fideuà	ein Gericht aus Nudeln, das ähnlich wie die Paella mit Meeresfrüchten zubereitet wird

marisc/marisco	Meeresfrüchte
peix/pescado	Fisch
peix fregit/ pescadito frito	Anders als *peix a la plantxa*, der gegrillt und höchstens mit etwas Knoblauch oder Petersilie gewürzt wird, handelt es sich hier um meist kleinere, panierte und frittierte Fische
sardines a la plantxa/ sardinas a la plancha	Ein ebenso schlichtes wie delikates Essen sind frische, mit etwas Knoblauch und Petersilie gegrillte Sardinen.

Fleisch und Geflügel

botifarra/butifarra	Bratwurst, am besten auf Holzkohle gegrillt, gehört zu den Lieblingsgerichten der Katalanen.
carn a la brasa/ carne a la brasa	gegrilltes Fleisch
pollastre amb llagosta/ pollo con langosta	Hühnchen und Languste in einer kräftigen, mit Cognac zubereiteten Sauce.

Reisgerichte

arròs negre/ arroz negro	Reisgericht mit Tintenfisch. Die Tinte färbt den in Knoblauch und Olivenöl gegarten Reis dabei rabenschwarz, dazu wird *allioli* gereicht.
paella	In einer flachen Pfanne wird der Reis mit Kabeljau, Huhn, Rindfleisch, Erbsen, Muscheln und dem obligatorischen Safran angereichert.
paella marinera	Im Unterschied zur normalen Paella mit Hühnchen und Muscheln wird diese Variante ausschließlich mit Meeresfrüchten zubereitet.

Beilagen

allioli	Knoblauchmayonnaise
albergínia/berenjena	Aubergine
cigrons/garbanzos	Kichererbsen
espinacs/espinacas	Spinat
fideus/fideos	Nudeln
mongetes blanques/ judías blancas	Dicke weiße Bohnen werden in Katalonien bevorzugt zu Bratwurst gegessen
pastanaga/zanahoria	Möhre
patates/patatas	Kartoffeln
salsa	Soße
verdura	Gemüse

Desserts

crema/nata	Sahne
crema catalana	Vanillecreme, die mit einer dünnen Karamelschicht überzogen wird.
flam/flan	Karamelcreme
fruita/fruta	Obst
gelat/helado	Speiseeis
pastís/tarta	Kuchen
postres/postre	Dessert

Getränke

aigua/agua	Wasser
beguda/bebida	Getränk
cava	katalanischer, nach der Champagner-Methode hergestellter Schaumwein
cervesa/cerveza	Bier
cremat	Kaffee mit Zimt und Nelken gewürzt, mit Rum flambiert
ví/vino	Wein

Register

Register

Das Klima im Blick atmosfair

Reisen bereichert und verbindet Menschen und Kulturen. Wer reist, erzeugt auch CO_2. Der Flugverkehr trägt mit einem Anteil von bis zu 10 % zur globalen Erwärmung bei. Wer das Klima schützen will, sollte sich für eine schonendere Reiseform (z.B. die Bahn) entscheiden – oder die Projekte von *atmosfair* unterstützen. *Atmosfair* ist eine gemeinnützige Klimaschutzorganisation. Die Idee: Flugpassagiere spenden einen kilometerabhängigen Beitrag für die von ihnen verursachten Emissionen und finanzieren damit Projekte in Entwicklungsländern, die dort den Ausstoß von Klimagasen verringern helfen. Dazu berechnet man mit dem Emissionsrechner auf *www.atmosfair.de,* wie viel CO_2 der Flug produziert und was es kostet, eine vergleichbare Menge Klimagase einzusparen (z.B. Berlin – London – Berlin 13 €). *Atmosfair* garantiert die sorgfältige Verwendung Ihres Beitrags. Klar – auch der DuMont Reiseverlag fliegt mit *atmosfair!*

Unterwegs mit Ulrike Wiebrecht

Die Costa Brava lernte Ulrike Wiebrecht kennen und lieben, als sie sieben Jahre in Barcelona lebte. Das Zusammenspiel von Meer, intensivem Licht, Felslandschaft und dem Duft wilder Kräuter hat es ihr ebenso angetan wie die katalanische Küche und die Weine des Empordà. Noch heute kommt die Berliner Reisejournalistin und Buchautorin regelmäßig in ihre zweite Heimat, um Inspiration und neue Energie zu tanken.

Abbildungsnachweis

DuMont Bildarchiv, Ostfildern: S. 45, 53, 55, 58, 69, 72, 76, 84, 102 (Selbach)
F 1 online, Frankfurt/Main: Titelbild (Pixtal)
laif, Köln: S. 47 (Borgese); 13 (Enker); 4/5, 48 (Gonzalez); 101 (hemis.fr/ Borredon); 7 (hemis.fr/Escudero); 17 (hemis.fr/Frilet); 31 (hemis.fr/ Gardel); 11, 34, 62, Umschlagrückseite (hemis.fr/Moirenc); 42, 43 (le FigaroMagazin/Martin); 9 (reporters);

Umschlagklappe vorne (Schmid); 28/29, 94 (Tophoven)
LOOK, München: S. 56 (age fotostock)
Ulrike Wiebrecht, Barcelona: S. 32, 39, 41, 65, 67, 89, 120

Kartografie

DuMont Reisekartografie, Fürstenfeldbruck
© DuMont Reiseverlag, Ostfildern

Umschlagfotos

Titelbild: Calella de Palafrugell
Umschlagklappe vorne: Casa Batlló, Barcelona

Hinweis: Autorin und Verlag haben alle Informationen mit größtmöglicher Sorgfalt geprüft. Gleichwohl sind Fehler nicht vollständig auszuschließen. Alle Angaben erfolgen ohne Gewähr. Bitte, schreiben Sie uns! Über Ihre Rückmeldung zum Buch und Verbesserungsvorschläge freuen sich Autorin und Verlag:
DuMont Reiseverlag, Postfach 3151, 73751 Ostfildern,
info@dumontreise.de, www.dumontreise.de

1. Auflage 2011
© DuMont Reiseverlag, Ostfildern
Alle Rechte vorbehalten
Redaktion/Lektorat: Hans-Joachim Schneider
Grafisches Konzept: Groschwitz/Blachnierek, Hamburg
Printed in Germany